新型农业经营主体融资机制研究

张晋华 刘西川 著

中国财经出版传媒集团

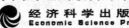

经济科学出版社
Economic Science Press

图书在版编目（CIP）数据

新型农业经营主体融资机制研究/张晋华，
刘西川著．—北京：经济科学出版社，2018.5
ISBN 978－7－5141－9368－8

Ⅰ.①新… Ⅱ.①张…②刘… Ⅲ.①农业经营－主体－
融资机制－研究－中国 Ⅳ.①F324

中国版本图书馆 CIP 数据核字（2018）第 112427 号

责任编辑：刘 莎
责任校对：刘 昕
责任印制：邱 天

新型农业经营主体融资机制研究

张晋华 刘西川 著

经济科学出版社出版、发行 新华书店经销

社址：北京市海淀区阜成路甲 28 号 邮编：100142

总编部电话：010－88191217 发行部电话：010－88191522

网址：www.esp.com.cn

电子邮箱：esp@esp.com.cn

天猫网店：经济科学出版社旗舰店

网址：http://jjkxcbs.tmall.com

北京财经印刷厂印装

880×1230 32 开 9 印张 180000 字

2018 年 5 月第 1 版 2018 年 5 月第 1 次印刷

ISBN 978－7－5141－9368－8 定价：32.00 元

（图书出现印装问题，本社负责调换。电话：010－88191510）

（版权所有 侵权必究 举报电话：010－88191586

电子邮箱：dbts@esp.com.cn）

本书是浙江省哲学社科规划项目"新型农业经营主体供应链融资模式、利益分配机制和风险控制研究（17NDJC228YB)"、自然科学基金"基于新型农业经营主体的供应链融资机制及绩效研究：以浙江为例（LQ16G030015)"、国家自然科学基金"新型农业经营主体供应链融资模式、利益分配机制和绩效研究（71603238)"的部分研究成果

感谢浙江工业大学应用经济学"十三五"浙江省一流学科（A类）、浙江工业大学应用经济学博士学位授权一级学科点、浙江省新型高校智库——民营企业开放创新研究中心提供资助

前　言

　　培育新型农业经营主体，是我国构建"四化"新型农业经营体系的核心环节，更是转变农业发展方式，实现农业现代化的内在要求。然而，随着新型农业经营主体在数量和规模上的不断发展，其日益多样和不断增长的金融需求和传统金融供给系统之间的矛盾日益突出，金融支持不足，已经成为制约新型农业经营主体发展壮大的突出障碍。如果不在融资"瓶颈"上寻求突破，不仅延缓新型主体的发育成熟，从长远看对现代农业发展也会产生不利影响。由于新型农业经营主体的经营业务植根于乡村，因而基于地缘、业缘等形成的乡村社会网络对新型农业经营主体的融资是否会产生影响？同时，新型农业经营主体又是我国农业规模化与现代化的产物，上下游主体之间形成的稳定的现代供应链又为其获得供应链融资奠定了基础，基于此，本书尝试从供应链与社会网络两个维度，研究在转型经济背景下新型农业经营主体的融资机制。

供应链融资作为新型农业经营主体在市场化发展过程中出现的融资机制，是在我国宏观经济和微观经济双重因素的推动下出现的。本书首先从历史演进的视角探究供应链金融从线下到线上的演进过程是如何与我国的微观与宏观经济契合的，供应链金融各种融资模式演变背后的原因、规律和特征。并在此基础上基于信息不对称和信贷配给的视角，应用博弈论分析了新型农业经营主体供应链融资出现的机理。在此基础上，应用讨价还价博弈模型分析了线上供应链融资中，龙头企业和上游供应商如何通过最优定价决策来改进线下供应链融资中双方利益分配不一致的问题，并得出线上供应链金融与线下供应链金融相比，改善了双方预期收益的结论。

随着我国资本市场的不断完善，大型企业脱媒融资将成为趋势，市场规模巨大且发展迅速的中小企业才是商业银行新的盈利增长点，供应链金融是商业银行盈利模式和风险控制创新的新突破。新型农业经营经营主体作为农业领域中的中小企业，也是商业银行新的利润突破点。基于此，本书基于理性预期均衡模型，从理论上分析了供应链融资提高了商业银行在中小企业信贷市场上的参与程度，从而改善了信贷市场的流动性，提高了信贷市场的融资效率。在此基础上，本书基于现金－现金流模型，实证分析了供应链金融是否可以缓解中小企业的融资约束，从而提高中小企业的融资效率。

理论和实证研究分别表明，供应链融资可以改善中小企业在信贷市场的流动性，提高企业的融资效率。

除了市场化发展过程中出现的供应链融资模式，以及正规制度供给的不断完善，社会网络作为一种非正式制度供给，在新型农业经营主体及其所带动的农户的融资过程中也发挥着重要作用。本书主要从以下三个方面来分析社会网络对新型农业经营主体融资的影响机制：第一部分综述了社会网络的概念、测度及其影响与作用机制；第二部分研究新型农业经营主体中的合作社本身作为社会网络对农户正规及非正规借贷的影响；第三部分在第二部分的基础上，从多层面（家庭和村层面）来研究社会网络对农户正规借贷的影响。本部分在上一部分研究市场化机制作用的基础上，进一步考虑了转型过程中非市场化作用机制对新型农业经营主体及其所带动的农户融资的影响。

目　录

第一篇　新型农业经营主体供应链融资机制

第二篇　社会网络与新型农业经营主体融资

第一篇　新型农业经营主体供应链融资机制

第一章

引　言

第一节　研究背景与意义

培育新型农业经营主体，是我国构建"四化"新型农业经营体系的核心环节，更是转变农业发展方式，实现农业现代化的内在要求。目前，我国工业化、信息化、城镇化发展势头强劲，而农业现代化发展则相对滞后。因此，必须加快发展现代农业，使农业现代化水平尽快与工业化、信息化、城镇化处于同一发展阶段上。"十三五"规划和2016年"中央一号"文件都明确指出，支持新型农业经营主体成为建设现代农业的骨干力量，发展多种形式适度规模经营的引领作用。这都是针对我国基本国情、农情做出的重要研判。纵观美、日、韩等实现了农业现代化的国家，也都形成了分工发达、紧密相连的现代农业经营体系。

随着新型农业经营主体在数量和规模上的不断发展，其日益多样和不断增长的金融需求和传统金融供给系统之间的矛盾日益突出，主要表现在：（1）由于有效担保抵押物不足、申请手续繁复、隐性交易费用高和农业生产经营风险高等问题，新型农业经营主体很难获得信贷支持（Fernando，2007；黄祖辉等，2010；刘西川等，2012）；（2）以小额农户贷款为主流的传统农业信贷不符合新型农业经营主体产业链逐渐延长下的经营周期和销售周期，也难以满足新型农业经营主体对于产业结构调整、专业化养殖、特色经济作物种植、农副产品加工等固定资产投入的中长期、大额融资需求（王树勤等，2015）；（3）金融服务层次较低，现代农业企业等新型农业经营主体所需要的承兑汇票、贴现等金融服务难以得到满足。因此，金融支持不足，已经成为制约新型农业经营主体发展壮大的突出障碍。如果不在融资"瓶颈"上寻求突破，不仅延缓新型主体的发育成熟，从长远看对现代农业发展也会产生不利影响。

理论和实践都表面，供应链融资模式在一定程度上缓解了上述问题（林毅夫，2004；刘西川等，2013；孔祥智，2014；苑鹏，2014）。主要表现为：（1）打破了传统融资模式对有形、固定资产抵押严格限定的授信条件，通过对产业链中核心企业的财务状况和整个产业链效率的评估作为授信的依据。（2）根据供应链内新型农业经营主体的融资周期和额度授信，创新了传统的信用贷款、联户担保等小额、中短期贷款模式。（3）供应链融资具有更好的贷款甄别机制，可以降低风险和激励借款人偿还贷款（宋雅楠，2012）。在全国各地也出现了一些比较成功的案例，证实了供应链金融在农业中运用的可行性。如龙江银行在大庆商行"五里明模式"基础上开发了农业供应链融资的五种模式和六种产品（关喜华，2011），山东得利斯集团"企业＋担保公司＋农户"的生猪供应链融资模式（宋雅楠等，2012），以"菜篮子"工程的中心批发市场（马王堆蔬菜批发大市场）为核心发展农业供应链金融的新模式（邵娴，2013），赤峰市农行宁城支行支持当地农业产业化龙头企业塞飞亚食品有限责任公司发展，推出的"农户＋基地＋龙头企业＋小额贷款"的供应链融资模式（董黎明，2014）。以中粮集团为核心为整个供应链条上的农户提供贷款。但是，新型农业经营主体为什么要进行供应链融资？其形成的机理是什么？不同供应链融资模式的效益如何？现有的研究并没有做出系统、完整的解答。基于此，本书的研究意义可以归纳为：

一、创新了传统的信贷模式，供应链融资可以形成新型农业经营主体融资研究的新领域

从供应链视角研究新型农业经营主体融资问题，打破了孤立研究单个新型农业经营主体静态融资的思维模式，把与新型农业经营主体相关的产业链上下游企业作为整体，根据交易中形成的链条关系来设定有效的融资模式，在市场竞争态势由单个企业之间转化为产业链之间的竞争、产业链上下游主体之间的联动性日趋增强的今天，具有非常重要的理论和现实指导意义。

二、供应链融资有助于缓解新型农业经营主体信贷约束、提高农村金融市场资源配置效率和整个农业产业链的竞争力

农村金融市场失灵是导致新型农业经营主体融资难的原因之一，供应链融资能够较好地治理由于信息不对称而导致的农村金融市场失灵问题，从而达到缓解新型农业经营主体信贷约束，提高农村金融市场资源配置效率的效果；另一方面，农业产业链中的新型农业经营主体是农村经济中较有活力的部分，为其提供良好的融资服务，可以提升整个产业链的竞争力，推进我国现代农业的快速发展。

三、为政府主管部门有效制定新型农业经营主体供应链融资相关政策提供思路

目前，关于政府部门如何从微观层面推动新型农业经营主体供应链融资还有待深入研究，本课题试图通过分析各种情景下（如引入监管、担保、科技等）的新型农业经营主体和新型农业经营主体以及新型农业经营主体与商业银行之间的利益分配机制，为政府及时介入并有针对性地制定相关政策，改善我国新型农业经营主体供应链融资的外部环境具有重要的实践意义。

第二节 国内外研究现状及发展动态分析

一、新型农业经营主体内涵界定

新型农业经营主体在 2012 年以前鲜少出现，2012 年之后开始出现在官方文件中，如浙江省 2012 年出台的《浙江省人民政府办公厅关于大力培育新型农业经营主体的意见》中对新型农业经营主体的内涵界定如下：是指在家庭承包经营制度下，经营规模大、集约化程度高、市场竞争力强的农业经营组织和有文化、懂技术、会经营的职业农民。学者们界定

的新型农业经营主体主要包括专业大户、家庭农场、合作社、龙头企业和经营性农业服务组织（张照新等，2013；孔祥智，2014；陈晓华，2014）。由于专业大户、家庭农场、合作社与龙头企业属于供应链生产、加工与销售等不同环节的营利性组织（或个体），而经营性农业服务组织既包括农业经营性服务组织（农机作业、农作物病虫害防治和动物疫病防控组织），还包括农业公益性服务机构，在属性上与前四者存在一定差异。为了研究方便，本研究中的新型农业经营主体界定为专业大户、家庭农场、合作社和龙头企业。此外，对于家庭农场与专业大户，虽然前者是经工商部门注册登记的法人，后者是自然人，但其在经济属性上并没有本质区别（王泽厚，2013），因此在下文的研究中，若不特别说明，对两者不进行区分。

二、新型农业经营主体融资渠道、特征及影响因素综述

一般来说，新型农业经营主体的筹资来源主要有外源资本（债务资本）和内源资本（权益资本）两种。由于内源资本来源有限，不能满足其日益多样和不断增长的融资需求，因而外源资本是新型农业经营主体主要的筹资来源。

（一）合作社的融资结构与特征研究

由于合作社自身经营的特殊性，合作社选择两种筹资方式所筹集的资本所占比重问题一直没有一致的结论：戴维 G. 巴顿（David G. Barton，1996）等认为合作社决定最佳资本结构是建立财务健康合作社的第一步骤，并得出利率水平是决定资本结构的重要因素；通过对美、日两国合作社资金形成的过程来对比分析两国合作社的资本结构，解释了它们不同的原因，但并没就如何选择最优资本给出结论（Asuwa et al.，1962）；从美、日合作社 2000～2009 年的融资结构来看，整体表现都为负债融资大于权益融资，日本合作社负债筹资比重在 80% 左右，美国合作社则在 50% 左右（Penn et al.，2010）；对我国福建省的样本合作社调研显示，权益资本筹资占比为 73.29%（余丽燕，2011），与国外合作社融资现状正好相反，从另一个角度说明我国合作社外源资本融资的迫切性；雅尼斯（Yannis，2003）等对希腊牛奶合作社的研究则说明，增加权益资本（留存收益）融资可以提高合作社在实践中与农业企业的竞争能力。进一步印证了合作社资本来源和结构没有统一的标准。

（二）龙头企业融资来源、特征与影响因素综述

（1）关于融资来源的研究表明。目前龙头企业的贷款需求逐年上升，季节性明显，且不同发展阶段的企业对信贷资金的需求结构不同（郑慧娟，2012）；不同生命周期的企业采取的融资渠道也不尽相同，企业应根据自己的发展阶段来不断进行融资创新（赵明元等，2011）；也有学者通过对比方式研究了龙头企业与合作社的融资结构与融资来源，试图解决目前龙头企业与合作社的融资困境（Li Ziran，2014）。农业产业化投资基金就是一种融资创新，它是为龙头企业，特别是具有增长潜力的创新型中小龙头企业提高资金支持的一种投融资制度（杨启智，2005）；（2）关于影响因素的研究表明。影响龙头企业从正规金融渠道融资意愿因素主要有：企业自身因素主要是抵押不足及缺乏有效担保，企业规模小、抗风险能力弱和贷款附加成本较高；影响企业融资意愿的外部因素主要为市场环境因素、金融环境因素及政府政策环境因素（刘小春等，2012）。谭静等（2005）的研究则表明影响龙头企业融资结构的因素主要有经营收益风险比率、公司的国有化程度、可抵押资产股利支付程度指标和公司非债务税收庇护指标。

（三）家庭农场融资特征与模式综述

家庭农场在经济本质上是小微企业，因此其融资特征与小微企业的融资具有共性特征（Gaston，1993；Udell et al.，1998；Williams et al.，2003）；在融资模式上，斯特兰（Strallan，1998）等认为中小金融机构更有利于解决与家庭农场规模大小适中的中小企业的融资问题。严谷军（2008）通过介绍美国社区银行支持家庭农场融资的实践，为我国家庭农场的融资模式提供启示，认为应放宽我国农村地区银行业金融机构准入政策，为机构的创新提供制度空间，发展新型农村银行业金融机构。潘淑娟（2012）则认为可以通过推广保单质押贷款、专业合作社担保贷款等融资模式来实现家庭农场的资金筹集问题。

三、新型农业经营主体融资难的原因及对策综述

新型农业经营主体融资难已经成为政界和学界共同关注的问题，为了做好金融服务新型农业经营主体工作，促进现代农业发展，2015 年 2 月 27 日，农业部联合财政部、人民银行、银监会、保监会和 11 家金融机构联合发布了《金融支持新型农业经营主体共同行动计划》，进一步加大对新型农业经营主体的金融支持，学术界也涌现了不少关于如何解决新型农业经营主体融资难的文献（Berger et al.，2002；Bradford，2004；谢玉洁，2013；张道明，2013；赵健，2014；李明贤等，2014；朱文胜等，2014；贾利平，2015），研究主要聚焦在目前农业新型经营主体在融资资格、融资成本、融资担保、融资金额及期限方面的问题。每一种新型农业经营主体的融资困境问题及出路也受到了学者们的关注：资金短缺问题已

经成为合作社发展的"瓶颈"这一观点基本达成了共识（苗小玲，2005；冯开文，2006）；合作社内部开展信用合作被认为是破解农民合作社融资难的有效途径（徐旭初，2009；陈进，2012）；党的十八届三中全会也明确规定允许农民合作社开展信用合作，学者们就信用合作的内涵和特征（薛桂霞等，2013）、如何构建真正的信用合作（王曙光，2014）、信用合作的模式和现实选择（王小亚等，2012）等问题；翁益军等（2008）、马柠馨等（2012）、孟凡荣等（2014）则研究了龙头企业融资难的原因及对策。曾劲（2009）、万芹（2013）认为客观环境和农民的自身约束导致了我国家庭农场的资金来源单一：农业生产经营的自然风险、农产品价格的市场风险、农村地区信用缺失严重且在融资过程中容易产生逆向选择是导致家庭农场融资难的重要因素；郭伊楠（2013）研究了家庭农场融资过程的风险困境及成因，指出规避逆向选择风险，构建家庭农场融资体系，是当前亟待解决的问题。

四、新型农业经营主体供应链融资研究综述

（一）新型农业经营主体供应链融资的概念框架研究

在工业领域，埃里克·霍夫曼（Erik Hofmann，2005）根据供应链金融的特征，基于操作层面给出供应链金融的定义；汉斯·克里斯蒂安·波弗尔（Hans - Christian Pfohl，

2009）等认为供应链金融的对象、供应链金融的参与者、供应链金融的工具这三个维度总括起来形成供应链金融的概念框架。在农业领域，米勒（Miller，2007）等概述了价值链融资的概念和应用，及其可能给农业和农业综合企业带来的潜在好处及问题。农业价值链融资（也称为供应链融资）包括两方面的含义，一方面是参与者之间进行的内部融资，也可称之为直接价值链融资；另一方面是银行或其他金融机构对价值链中的参与者进行外部融资，又称之为间接价值链融资（Qriros，2010），本研究中的供应链融资主要指的是外部融资模式。胡跃飞等（2009）和夏泰凤（2011）在国内外研究的基础上，总结了供应链融资与传统模式的区别（见表1-1）。

表1-1　　　　供应链金融融资模式与传统
金融融资模式对比分析

主要区别	传统融资模式	供应链融资模式
关注重点	单一企业的经营管理状况，关注静态的财务报表数据	动态的关注整条供应链的经营状况、稳定性及核心企业的支付能力
融资对象	给予授信的单一企业	供应链名录中的所有的节点企业
融资方式	对单一企业进行授信，单一企业独享的内容授信方式	对整条供应链授信，节点企业共享的公开授信方式
担保方式	不动产抵押、担保公司担保等传统担保方式	采取核心企业的信用方式、联合担保、动产抵押、信用增级

续表

主要区别	传统融资模式	供应链融资模式
银企关系	债权债务关系	对供应链企业提供一揽子金融产品，长期合作伙伴关系
融资针对的交易	按信贷用途，不管交易的对象和金额等交易因素	根据真实交易给出融资金额，有效控制融资的用途

资料来源：夏泰风. 基于中小企业融资视角的供应链金融研究. 浙江大学，2011.

（二）供应链融资的模式研究

"谷物仓单"是农业领域中最早的供应链融资业务（Breckwoldt，1995），19 世纪的芝加哥谷物交易已经升级为仓单式融资模式（Coleman，2006），1916 年美国通过立法（*US Warehousing Act of* 1916）建立起了为家庭农场融资"仓单质押"规则。近些年，仓单融资越来越多地应用于发展中国家的农产品领域（Christian Joerg，2002）。如乌拉圭的某核心企业（El Comercio）通过购买合同作为担保向乌拉圭的大豆种植农户融资（Quirós，2010）；我国近些年来也出现了不同模式的农业供应链融资，如龙江银行在大庆商行"五里明模式"基础上开发了农业供应链融资的五种模式和六种产品（关喜华，2011），山东得利斯集团"企业＋担保公司＋农户"的生猪供应链融资模式（宋雅楠等，2012），以"菜篮子"工程的中心批发市场（马王堆蔬菜批发大市场）为核心发展农业供应链金融的新模式（邵娴，2013），赤峰市农行宁城支行支持当地农业产业化龙头企业塞飞亚食品有限责任公司发展，推出的"农户+基地+龙头企业+小额贷款"的供应链融资模式（董黎明，2014）。胡国晖等（2013）将农业供应链融资的模式总结为基本模式"农业企业+农户+金融机构"和其他模式两大类；满明俊（2011）在对重庆市金融机构开展农业产业链融资调查的基础上，将农业产业链融资模式归纳为园区主导型产业链融资、政府主导型产业连融资、核心企业主导型产业链融资三类；如辛玉红等（2013）按照商业银行在供应链上提供融资所依据的质押物的（应收账款、预付款和存货）不同，将供应链融资区分为应收账款融资、保兑仓融资和融通仓融资三种模式；马九杰、张永升（2011）等指出农业价值链融资模式的动因、机制及农业金融创新。

（三）供应链融资的风险管理研究

普拉特（Prater，2001）将供应链金融的风险定义成"脆弱性"（vulnerability），并将其分为内部脆弱性和外部脆弱性。也有学者从风险来源的不确定性、牛鞭效应导致的风险的可扩大性和风险的可传递性等不同的视角对供应链金融的风险进行了解释（Hallikas，2002）。国外供应链风险管理方面代表性型有 Credit Metrics 模型、KMV 模型、Credit Risk 模型和 Credit Portfolio View 模型。牛晓健等（2012）应用 Credit Metrics 模型，分析了商业银行对汽车行业中小企业开展供应链融资的风险；韩明辉（2010）研究了银行在对农业中小企业开展保兑仓融资、融通仓融资和应收账款融资时，如何规避信用风险的问题；舒茨·彼得（Schutz Peter, 2011）等从研究的灵活性、数量的灵活性、提供的灵活性和经营决策的灵活性等方面提出了不确定需求下的供应链运营规划。

第三节　研究趋势评价

目前国内外相关研究主要集中于供应链融资的概念框架、模式和风险管理，国外研究使用大量模型对供应链融资的风险进行了测度与防范。国内学者一方面从多视角、多层面论述了新型农业经营主体供应链融资的模式、利益分配和风险防范方面的重要性，取得了大量研究成果。以往的研究多是基于农户视角来研究农业供应链融资的，很少有研究将农业产业化龙头企业、合作社等其他新型农业经营主体纳入到分析框架；从研究方法来看，目前的研究多是通过理论、案例方式来说明供应链融资可以通过农业投入的增加及声誉机制的建立改善农户的借贷条件，通过调研数据进行实证研究的

很少；研究不够系统深入，没有就如下问题展开分析：目前
的研究没有系统归纳出目前新型农业经营主体供应链融资的
形成机理；这些融资模式的效益如何，如何通过内外部融资
环境的改善来优化现在的供应链融资模式。对这些问题的研
究，将直接关系到农产品供应链的稳定性和竞争力，长远影
响到我国农业的全球化、产业化、组织化、标准化且具有竞
争力的现代农业方向发展。对此，本课题在前人研究的基础
上进行深入创新，力求对当前研究领域形成有益补充。

本章参考文献

［1］J. H. – C. Pfohl, M. Gomm. Supply chain finance: op-
timizing financial flows in supply chains. Logistic Research, 2009
(1): 149 – 161.

［2］Andrew Coleman, Laura Malaguzzi Valeri. Storage and
warehouse receipts as financing instruments. http://scholar.
google. com, 2006: 1 – 8.

［3］B. Karl, A. Bilgi and Y. Celik. Factors Affecting
Farmers' Decision to Enter Agricultural Cooperatives Using Ran-
dom Utility Model in the South Eastern Anatolian Region of Tur-
key. Journal of Agriculture and Rural Development in the Tropics
and Subtropics, 2006 (107): 115 – 127.

［4］ Banerjeel A. V. The Neighbor's Keeper: The Design of a Credit Cooperative with Theory and a Test ［J］. Quarterly of Economics, 1979 (3).

［5］ Barrett C. B. Smallholder market participation: concepts and evidence from eastern and southern Africa ［J］. Food Policy, 2008, 33 (4): 299 – 317.

［6］ Bijman, J. , Hendrikse, G. Cooperatives in chains: Institutional restructuring in the Dutch fruit and vegetable industry. Journal on Chain and Network Science, 2003: 95 – 107.

［7］ Blandon J. , Henson S. & Cranfield J. Small scale farmer participation in new agri-food supply Chains: Case of the supermarket supply chain for fruit and vegetables in Honduras. Journal of International Development, 2009 (21): 971 – 984.

［8］ Brandl H. The economic situation of family-farm enterprises in the southern black forest ［J］. Small-scale Forest Economics, Management and Policy, 2002, 1 (1): 13 – 24.

［9］ Breckwoldt T. Management of grain storage in Old Babylonian Larsa. Archiv Für, Orientforschung, 1995 (5): 42 – 641.

［10］ Christian Joerg. Securing the frontier supplies commodity financing. Trade Finance, 2002 (9): 6 – 8.

[11] Cook, Michael L. "The Future of U. S. Agricultural Cooperatives: A Neo-institutional Approach. ", American Journal of Agricultural Economics, 1995 (77): 1153 – 1159.

[12] Erik Hofmann. Inventory financing in supply chains – A logistics service provider-approach. International journal of Physical Distribution & Logistics Management, 2009, 39 (9): 716 – 740.

[13] Fertö, Imre, Forgács, Csaba. Is organic farming a chance for family farms to survive? IAMO Forum 2010, Halle (Saale), June 16 – 18. : Institutions in Transition Challenges for New Modes of Governance.

[14] Fulton and Gibings. Response and Adoption: Canadian Cooperatives in the 21st Century, Centre for the Study of Cooperative. University of Saskatchewan, Canada, 2000.

[15] Fulton, M. The future of Canadian agricultural Cooperatives: A property right approach. America Journal of Agricultural Economics, 1995, 77 (5): 1144 – 1152.

[16] Holloway, Garth, Charles Nicholson, Chris Delgado, Steve Staal and Simeon Ehui. "Agro-industrialization through Institutional Innovation: Transaction Costs, Cooperatives, and Milk-market Development in the East – African Highlands. " Agricultural

Economics, 2000 (23): 279 - 288.

[17] Jacqueline E. Penn, Katherine C. DeVille, E. Eldon Eversull. 2010. Cooperative Statistics, 2009. Rural Development U. S. Department of Agriculture.

[18] Jongsoog Kim, Lydia Zepeda. Factors affecting children's participation and amount of labor on family farms, [J]. Journal of Safety Research, 2004, 35 (4): 391 -401.

[19] Kimhi, A. Institutional environment, ideological commitment, and farmers' time allocation: the Case of Israeli Moshavim. Economic Development and Cultural Change, 1998, 47 (1): 27 -44.

[20] Kopparthi M. S. , Kagabo N. Is value chain financing a solution to the problems and challenges of access to finance of small-scale farmers in Rwanda? [J]. Managerial Finance, 2012, 38 (38): 993 - 1004.

[21] Lele, U. Cooperatives and the poor: A comparative perspective. World Development, 1981, 9 (1): 55 -72.

[22] Li Z. , Jacobs K. , Artz G. M. The Relative Capital Structure of Agricultural Grain and Supply Cooperatives and Investor Owned Firms [J]. general information, 2014.

[23] Meike Wollni, Manfred Zeller. Do farmers benefit

from participating in specialty markets and cooperatives? The case
of coffee marketing in Costa Rica. Agricultural Economics, 2007
(37): 243 – 248.

[24] Michael Mascarenhas. Farming systems research: Flexible diversification of a small family farm in southeast Michigan, [J] Agriculture and Human Values, 2001, 18 (4): 391 – 401.

[25] Miljkovic D. Optimal timing in the problem of family farm transfer from parent to child: an option value approach [J]. Journal of Development Economics, 2000 (61): 543 – 552.

[26] Nimal A. Fernado, Managing Microfinance Risks: Some Observations and Suggestions. Asian Journal of Agriculture and Development, 2007 (2): 1 – 22.

[27] Parks, T. M. Manfredo. Determinants of mergers and acquisitions in agricultural cooperatives [Z]. Organized Symposia Presentation, American Agricultural Economics Association Annual Meetings, 2000.

[28] Peter Moers. Cereal Banks: Receipt of deposit as a method for improving liquidity at the local level. Fundation Desarrollo Empresarial, 1999 (6): 33 – 36.

[29] Phillp Strallan, Jamesp Weston. Small Business Lending and the Changing Structure of the Banking Industry [J].

Journal of Banking & Finance, 1998 (6).

[30] Pratap S. Birthal, Awadhesh K. Jha, Marites M. Tiongco and Clare Narrod. Improving far-to-market linkages through contract farming: A case study of smallholder dairying in India. IFPRI Discussion Paper 00814. International Food Policy Research Institute, Washington DC (2008).

[31] Prater E. , Biehl M. , Smith M. A. International supply chain agility, tradeoffs between of Operations and Production Management, 2001 (21): 823 – 839.

[32] Qriros, Rodolfo, Agricultural Value Chain Finance. Costa Rica – February, 2010: 22 – 24.

[33] Rob J. F. Burton, Nigel Walford. Multiple succession and land division on family farms in the South East of England: A counterbalance to agricultural concentration? [J] Journal of Rural Studies, 2005, 21 (3): 335 – 347.

[34] Robert Home, Oliver Balmer, Ingrid Jahrl, Matthias Stolze, Lukas Pfiffner. Motivations for implementation of ecological compensation areas on Swiss lowland farms. [J] Journal of Rural Studies, 2014 (34): 26 – 36.

[35] Timothy J. Richard, Mark, R. Manfredo. Cooperative mergers and acquisition: the role of capital constraint [J]. Agricul-

tural And Resource Economics, 2003, 28 (4): 152 – 168.

[36] USDA. America's Diverse Family Farms, Economic Information Bulletin, 2010, 67 (70).

[37] William H. Greene. Econometric Analysis. 6th Edition. Upper Saddle River, NJ: Prentice – Hall, 2008: 889 – 890.

[38] Williams, Karen, R. Agribusiness and the Small Scale Farmer: A Dynamic Partnership for Development [M]. New York: Free Press, 1985.

[39] Xiangping Jia, Jikun Huang, Zhigang Xu. Marketing of farmer professional cooperatives in the wave of transformed agrofood market in China [J]. China Economic Review, 2010: 1 – 10.

[40] Zylbersztajn, Decio, Tomatoes and Courts. Strategy of the Agro-industry Facing weak Contract Enforcement, School of Economic and business, University of Sao Paulo, Brazil, Worker Paper, August, 2003.

[41] Isakson S. R. Food and finance: the financial transformation of agro-food supply chains [J]. Journal of Peasant Studies, 2014, 41 (5): 749 – 775 (27).

[42] Kopparthi M. S. , Kagabo N. Is value chain financing a solution to the problems and challenges of access to finance of small-scale farmers in Rwanda? [J]. Managerial Finance, 2012,

38 （38）：993 – 1004.

[43] Chang X. , Deng S. The development of supply chain finance in China [J]. International Journal of Management Excellence, 2014, 3 (3).

[44] Miller C. , Jones L. Agricultural value chain finance: tools and lessons. [J]. Agricultural Value Chain Finance Tools & Lessons, 2010.

[45] 陈贺. 基于供应链视角的农业产业链融资分析 [J]. 农村金融研究, 2011 (7)：18 – 23.

[46] 陈晓华. 大力培育新型农业经营主体——在中国农业经济学会年会上的致辞 [J]. 农业经济问题, 2014, 35 (1).

[47] 陈艺云. 违约传染与供应链金融的信用风险测度. 统计与决策, 2012 (1)：33 – 35.

[48] 陈志新. 基于动态信用农户供应链融资模式研究 [D]. 杭州：浙江大学, 2010.

[49] 冯开文. 走向农民合作社的农业一体化之路——关于 1978 年以来中国农业一体化发展道路的文献回顾 [J]. 学海, 2008 (3)：110 – 114.

[50] 贺群. 龙头企业和农户参与生猪供应链内部融资效益分析 [J]. 安徽农业科学, 2013, 41 (19)：8319 – 8320.

［51］胡国晖，郑萌．农业供应链金融的运作模式及收益分配探讨［J］．农村经济，2013（5）.

［52］胡跃飞，黄少卿．供应链金融：背景、创新与概念界定［J］．金融研究，2009（8）：194－206.

［53］黄祖辉，俞宁．新型农业经营主体：现状、约束与发展思路——以浙江省为例的分析［J］．中国农村经济，2010，26（10）：16－26.

［54］孔祥智，牛立腾，刘同山．"四位一体"产权式农业：特征、运作模式与成因［J］．中南民族大学学报：人文社会科学版，2014（4）：104－108.

［55］李燕琼，张学睿．基于价值链的农业产业化龙头企业竞争力培育研究［J］．农业经济问题，2009（1）.

［56］李毅学．供应链金融风险评估．中央财经大学学报，2011（10）：36－41.

［57］林毅夫：http：//finance. sina. com. cn/china/hgjj/20071009/11184041048. shtml，2006.

［58］刘圻，应畅，王春芳．供应链融资模式在农业企业中的应用研究［J］．农业经济问题，2011（4）：92－98.

［59］刘西川，程恩江．农业产业链融资：案例考察与博弈分析［J］．金融发展评论，2012（3）.

［60］刘西川，程恩江．中国农业产业链融资模式——典

型案例与理论含义 [J]. 财贸经济, 2013 (8): 47 – 57.

[61] 满明俊. 农业产业链融资模式比较与金融服务创新——基于重庆调研的经验与启示 [J]. 农村金融研究, 2011 (7): 24 – 29.

[62] 深圳发展银行, 中欧国际工商学院 "供应链金融" 课题组. 供应链金融: 新经济下的新金融 [M]. 上海: 上海远东出版社, 2008: 67 – 68.

[63] 宋雅楠, 赵文, 于茂民. 农业产业链成长与供应链金融服务创新: 机理和案例 [J]. 农村金融研究, 2012 (3): 11 – 18.

[64] 王慧敏, 龙文军. 新型农业经营主体的多元发展形式和制度供给 [J]. 中国农村金融, 2014 (1).

[65] 王树勤, 王沈京, 汤星颐等. 财政支持新型农业生产经营主体发展的现状与存在问题 [J]. 当代农村财经, 2015 (1): 5 – 10.

[66] 夏泰凤. 基于中小企业融资视角的供应链金融研究 [D]. 杭州: 浙江大学, 2011.

[67] 辛玉红, 李小莉. 供应链金融的理论综述 [J]. 武汉金融, 2013 (4): 35 – 37.

[68] 徐旭初. 走向供应链管理: 农业合作社的困境与创新 [J]. 农村经营管理, 2007 (1): 15 – 17.

［69］闫俊宏，许祥秦．基于供应链金融的中小企业融资模式分析［J］．上海金融，2007（2）：14 – 16.

［70］苑鹏，彭莹莹．农民专业合作社开展信用合作的现状研究［J］．中国合作经济，2014（1）：20 – 25.

［71］张照新，赵海．新型农业经营主体的困境摆脱及其体制机制创新［J］．改革，2013（2）.

［72］郑绍庆．粮食融通仓：农户融资新途径［J］．调研世界，2009（1）：35 – 37.

第二章

从线下到线上：供应链
融资模式演变研究

第一节 引　言

随着金融市场的不断发展，我国企业的融资模式也在不断变迁，改革开放之前，企业的资金需求是按照计划由财政和银行两条渠道提供的。改革开放以来，我国企业冲破"大财政、小银行"的格局，银行间接融资比重不断上升，从1978~2004年，银行融资在 GDP 中的比重由 51% 上升到130%（罗正明，2007）。这种以银行贷款为主导的融资结构，基于信贷审慎性原则，但长期以来对国有大型企业的金融支持力度大于其他类型的经济实体，这在一定程度上利于经济和金融市场的稳定，但导致资本配置效率低，不利于中小型企业的发展。供应链金融被视为银行转型路上不可或缺的发展板块，同时也成为银行服务实体企业，特别是中小企业的"趁手"工具（吴雨，2017）。据前瞻产业研究院供应链金融行业报告数据显示，到2020年，我国供应链金融的市场规模可达14.98万亿元左右，因此，供应链金融在我国有着巨大的发展潜力和市场前景。2017年2月，人民银行等八部委印发《关于金融支持工业稳增长调结构增效益的若干意见》，明确提到支持供应链金融发展①；人民银行、工信部、银监会、证监会、保监会联合印发的《关于金融支持制造强国建设的指导意见》也提出，鼓励金融机构依托制造业产业链核心企业，积极开展应收账款质押贷款、保理等各种形式的供应链金融业务，有效满足产业链上下游企业的融资需求。党中央、国家对供应链的重视上升到前所未有的高度，党的十九大报告中首次提出现代供应链，结合日前国务院办公厅印发《关于积极推进供应链创新与应用的指导意见》，首次将供应链的创新与应用上升为国家战略，我国现代供应链发展水平将得到全面提升，这为供应链金融的发展提供了很好的政策条件。

---

①　具体为：第一，大力发展应收账款融资。推动更多供应链加入应收账款质押融资服务平台，支持商业银行进一步扩大应收账款质押融资规模；第二，探索推进产融对接融合。探索开展企业集团财务公司延伸产业链金融服务试点。支持大企业设立产业创投基金，为产业链上下游创业者提供资金支持。

然而，供应链金融的演进路程如何？特别是从历史的视角探究供应链金融各种融资模式的演变过程和特征如何？从而为我国未来供应链金融的发展提供借鉴，这些都是有待探讨的重要问题。目前关于供应链金融融资模式演变过程的研究可以分为几个方面：（1）基于业务创新的实体经济发展脉络，提出供应链金融出现的背景和现实需要，并对供应链金融的内涵与外延给与界定（胡跃飞、黄少卿，2009）；（2）对线下供应链金融的三种模式展开比较和分析，并提出各种模式下风险管理的对策（马佳，2008；闫俊宏，2007）；（3）对线上供应链金融的演进模式与风险管理进行研究，上述研究将线上与线下割裂开来分析，也没有从历史发展演变视角来梳理我国供应链金融的发展历程。基于此，本章同时将线上与线下纳入分析框架来进行梳理与总结，以期为我国未来供应链金融的发展提供借鉴。

第二节　线下供应链金融融资模式演进分析

从时间演进的角度来看，线下供应链融资在我国出现的先后次序依次为存货融资、国际贸易融资、应收账款融资与预付账款融资。

一、存货质押融资

动产质押的最初模式是仓单质押，研究显示，存储设施和分级系统在公元前 2000 年的美索不达米亚农业区域就已经很常见（Breckwoldt T.，1995）。19 世纪时，仓单在芝加哥谷物行业被用来为发货人融资（Coleman A. and Valeri L. M.，2007）。1916 年，美国出台了《仓储法案》，并据此建立起一套仓单质押系统规则，这带来了以农产品为代表的各类仓单的广泛签发和流通。这种仓单既可以作为结算手段，也可以向银行申请贷款，开创了现代标准仓单业务的先河（其其格，2012）。

存货质押贷款是我国最早出现的供应链金融模式，可追溯到 20 世纪 20 年代由上海银行推出的存货质押贷款，存货质押融资，以及应收账款融资和预付账款融资的出现，主要是为了满足经济发展的需要，解决我国中小企业普遍存在的融资难问题。存货质押融资可以划分为以下两个阶段。

早期的存货质押融资（1920~2000 年）：1949 年以来至改革开放之前，为了恢复和发展经济，国家鼓励银行改进和扩大对中小企业的贷款额度，但由于缺乏具体的法律保护作为债权人的银行的利益，存货质押融资业务在实践中应用非常有限。改革开放以来，中小企业尤其是乡镇企业大幅增加，据统计，1995 年全国中小型工业企业合计达到了113 315个，占企业总数的 99.68%（全国工业企业普查资料，1997），全国乡及乡以上的工业小型企业 56.91 万家，比 1978 年增加 52%，数量达到了历史最高水平。在此背景下，为了满足中小企业经发展中的资金需求、保障债权的顺利实现和发展社会主义市场经济，我国于 1995 年 6 月 30 日通过了《中华人民共和国担保法》（简称"《担保法》"），为存货质押融资提供了制度基础，但此时的存货质押融资模式还处于初级发展阶段，在银行、借款企业与物流仓储企业三方参与主体中，银行居于绝对性主导地位，银行对借款企业的质押物采用一次性静态质押，并对借款企业和质押物予以业务控制。

现代存货质押融资业务（2000 年至今）：由于银行在早期的探索式发展中积累了一定的经验，这一时期的存货质押融资得到了快速发展，银行给予物流仓储企业充分授权，委托其代为监测贷款企业及贷款企业的抵押物，质押物也由早期的一次性静态质押改为动态质押，使得质押物总金额不变的基础上得以进行动态调整；也有的银行进一步加大对物流企业的授权，在前面的基础上给予物流企业一定的贷款额度，由物流仓储企业根据贷款企业情况自行确定是否进行存货质押融资业务，银行仅收取合约约定的金额。这一时期的存货质押融资业务也被学者们称为融通仓模式（罗齐、朱道立、陈伯，2002）。根据《中国统计年鉴》，我国 2015 年全部工业企业存货共计 102 804 亿元，其中中小型工业企业存货达到 56 327. 7 亿元，占比高达 54. 79% （见图 2 - 1）。因此存货质押融资在我国有着巨大的市场前景。

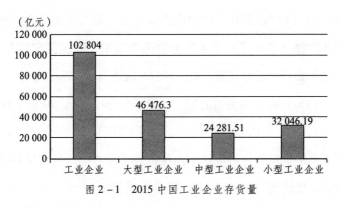

图 2 - 1　2015 中国工业企业存货量

资料来源：中国统计年鉴 2015 年统计数据。

二、国际贸易融资

所谓国际贸易融资，是指对国际贸易的进口商或出口商提供信贷支持，从而使进出口贸易能够顺利进行（崔艳梅，2006）。古老的贸易融资行为可以追溯到古巴比伦王朝时代，但作为银行行为的国际贸易融资却起源于 19 世纪的欧洲和美国。国外的贸易融资发展可以概括为以下四个阶段。

（1）国际贸易融资的雏形（公元 7 世纪至 16 世纪）：由

于中世纪新航路的开辟和"新世界"的发现，海外市场的领域骤然扩大，海外贸易的商品种类和数量也急剧增加，由此在地中海东部沿岸国家出现的兑换、保管和汇兑业务可以看作是国际贸易融资的萌芽。

（2）国际贸易融资的发展（公元 17 世纪至 18 世纪）：19 世纪初至 19 世纪 70 年代自由资本主义时期，资本主义生产方式的建立推动了社会生产力的迅速发展，欧洲国家证券、外汇和银行市场的发展，使国际贸易融资得以规范化发展。

（3）国际贸易融资的扩大（19 世纪 70 年代至 20 世纪 60 年代）：这一阶段自由资本主义开始向垄断资本主义过渡，贸易竞争的加剧和经济危机的出现促进了官方出口信用机构的发展，发达国家的国际金融市场不断发展。

（4）国际贸易融资的创新（20 世纪 70 年代至今）：1973 年后，"布雷顿森林体系"瓦解后，各国都相继用浮动汇率制取代固定利率制，金融市场的开放、跨国公司和国际分工的发展使得国际贸易融资的进一步创新，现代意义上的国际贸易融资已成为包括商业银行、保险公司、信托投资公司，甚至专业的公司、福费延融资商等金融机构向贸易企业提供的融资服务（胡跃飞、黄少卿，2009）。

我国银行开办国际贸易融资业务始于 20 世纪 90 年代中期以后。新中国成立至改革开放前，根据 1949 年 9 月通过的

《中国人民政治协商会议共同纲领》中"实行对外贸易的管制，并采取保护贸易政策"的规定，我国确定了"独立自主、集中统一"的外贸工作原则和方针。进出口严格按照国家计划进行，出口实行收购制，进口实行拨交制，盈亏由国家统负。国内各商业银行只对进出口商提供国际结算，并不提供贸易融资。1978 年改革开放以来，党的十一届三中全会明确指出了对外贸易在中国经济发展中的战略地位和指导思想。我国的对外贸易制度与我国经济制度转轨的步伐一致，从国家高度集中转为开放市场型（谢辉，2006）。银行业也开始从"大统一"的计划体系向现代体系转变，1994 年政府对金融体制进行了重大改革，将金融管理任务、政策性业务和商业性业务剥离，到 1996 年为止，形成了三大政策性银行和四大国有商业银行并存的新格局（林毅夫、胡书东，2000）。与此同时，我国的进出口贸易总额在 1996 年达到了 24 133.8 亿元，较 1978 年的 355 亿元增长了约 67 倍。随着我国对外贸易的快速增长及银行竞争的加剧，中国银行率先开办了信用证结算方式项下的一系列贸易融资，在推动贸易发展、促进贸易成交、加速资金周转、降低融资成本、规避贸易风险、增加企业效益等方面发挥着重要作用（林治海、姜学军，2004）。1994 年 1 月 1 日我国取消了双重汇率制度，人民币官方汇率与市场汇率并轨，实行以外汇市场供求为基础的单一的有管理的浮动汇率制（新华网，2005）。这些重大的制度改革使各商业银行取得了与中国银行逐渐平等的竞争条件，国际贸易融资业务也因而得到快速发展。2001 年加入 WTO 之后，根据承诺，中国深化贸易体制改革，全面放开外贸经营权。2003 年 9 月，中央和国务院通过了《中国人民银行关于加快国有独资商业银行股份制改革的汇报》，开启了国有独资商业银行股份制改革的进程，与国际并轨的金融监管制度与对外贸易制度为我国国际贸易融资的提供了更为广阔的发展空间。2010 年，中国工商银行印发了《国际贸易融资业务信贷政策》的通知，在一定程度上表明商业银行对于金融开放大背景下发展国际贸易融资的具体方向和路径。经过二十多年的快速发展，国际贸易融资已经从传统的打包放款、票据贴现等融资服务，逐步创新出国际保理、福费廷、结构性贸易融资、供应链贸易融资等先进的融资方式。现代意义上的国际贸易融资已成为包括商业银行、保险公司、信托投资公司，甚至专业的公司、福费廷融资商等金融机构向贸易企业提供的融资服务。2015 年 3 月 28 日，国家发展改革委、外交部、商务部联合发布了《推动共建丝绸之路经济带和 21 世纪海上丝绸之路的愿景与行动》（即"一带一路"国家顶层战略）。我国在与"一带一路"沿线国家发展国际贸易的同时，这其中实现物流、信息流、资金流高效协同的供应链金融，会有进一步的发展空间（财经新闻，2017）。

三、应收账款融资

纵观应收账款融资的发展沿革可以发现，动产担保的建立和发展是各国应收账款融资的基础。应收账款融资起源于19 世纪中期的美国，美国于 20 世纪 50 年代后颁布全国统一的动产担保法《统一商法》，为应收账款融资的发展提供了法律保障和基础。根据世界银行对全球 130 个国家和地区的调查，83% 的国家和地区支持应收账款融资（王佼，2009）。美国、加拿大和欧盟等已经建立了完善的动产担保制度和动产担保登记系统，应收账款质押融资已是国际主流趋势。我国的应收账款质押融资与存货质押融资发展类似，主要经历了两大发展阶段。

（一）政策真空期的探索式发展（1949～2007 年）

在《物权法》出台前，应收账款质押融资主要以《担保法》为法律依据。由于《担保法》中未将应收账款明确列入质押物范围，银行与企业之间的应收账款质押融资发展缓慢，基本上处于探索阶段。部分金融机构根据业务需要制定了应收账款质押融资管理办法及有关规定，如兰州市商业银行于2003 年针对部分业绩优良的中小企业因缺乏有效的抵押担保物而无法获得贷款的实际，制定了《兰州市商业银行应收账款质押贷款管理暂行办法》（潘玉伟，2009），这一阶段各金融机构开展应收账款质押融资都比较谨慎，业务规模很小，客户范围有限，据统计，2001 年我国应收账款质押融资约为人民币 100 亿元，仅相当于我国当年 GDP 的 0.1%。

（二）现代应收账款融资发展（2007 年至今）

2007 年以来，我国应收账款发展的制度环境和经济环境都有了很大的变化。在制度环境方面：2007 年 3 月 16 日，全国人民代表大会颁布了《中华人民共和国物权法》，在法律上明确了应收账款可以出质，为债权人的利益提供了基本保障。2007 年 9 月 30 日又制定并颁布了《应收账款质押登记办法》，就应收账款可以作为质押的权利进行了明文规定，允许中小企业应收账款债务人以较高的信用来弥补出质人自身信用的不足，有效盘活了企业沉淀的动产资金，此外，明确了应收账款质押融资的登记机构是中国人民银行征信中心，公示登记系统是中国人民银行征信中心的应收账款质押登记系统。登记系统的建立直接使债权人和潜在的交易者在质押物的优先受偿权、担保物权及对抗第三人效力方面产生了积极的影响，并确保了其法律地位（王若晨、刘波，2012）。2016 年 1 月 27 日召开的国务院常务会议提出"大力发展应收账款融资"，此后出台的《关于金融支持工业稳增长调结构增效益的若干意见》和《关于金融支持制造强国建设的指导意见》相继提出"推动大企业和政府采购主体积极确认应收账款，帮助中小企业供应商融资"等内容。2017年10月31日央行颁布修订版《应收账款质押登记办法》，新办法就之前争议焦点做了修订，完善了应收账款的定义，增加了应收账款转让登记并扩展了登记期限，对供应链金融业务具有现实指导意义。在经济环境方面：随着市场经济的发展，中小企业在确保经济增长、缓解就业压力等方面发挥着越来越重要的作用。截至2015年末，中小企业总数已高达国内企业总数的97.5%以上，贡献了65%的GDP和50%的税收；有80%城镇就业岗位、75%以上的新产品开发、65%的发明专利是由中小企业提供。但是，中小企业资产的绝大部分为动产，大量的闲置动产资源和中小企业融资难矛盾日益突出。据世界银行2005年对60个中低收入国家担保融资的调查显示，企业资产结构中不动产的比例为22%，而银行担保物中不动产的比例高达73%，可见，担保融资不匹配问题在很多国家都很突出。由中国人民大学中国供应链战略管理研究中心、华夏邓白氏、万联供应链金融研究院在2017年6月27日推出的《2017中国供应链金融调研报告》中显示，我国中小型工业企业总应收账款规模已超过6万亿元，通过开展应收账款质押融资业务，有助于盘活我国有着大量应收账款的中小型企业的沉淀资金，缓解企业不动产担保过度使用的情况。国家统计局数据显示，2016 年 7 月末，我国规模以上工业企业应收账款 108 136.1 亿元，同比增长 7.6%，而在 2011 年末，我国规模以上工业企业应收账款规模只有 70 300 亿元，四年间平均每年增加 11 000 亿元，总计上升了 63%。作为供应链金融重要的融资模式，应收账款规模的不断增长为我国供应链金融的快速发展奠定了坚实的基础。

四、预付款项融资

预付账款融资与应收账款质押融资出现的背景类似，主要是为了解决供应链中下游中小企业融资困难的问题。首先，在该种融资模式下，融资企业不需要一次性全部支付货款，可以采取分批支付的方式，从而企业内部的资金压力得到较大程度的缓解。其次，供应商愿意承诺回购是由于可以扩大产品销售规模，同时避免大量应收账款的产生，优化公司财务。在我国，深圳发展银行于 2001 年率先推出基于预付账款的先票后货授信，进口项下货权质押授信。2005 年，上海浦东发展银行和光大银行也推出了基于预付账款的线下供应链融资"1 + N"模式，解决了企业预付资金困难的问题，稳定了供应链上下游供销关系，提升了供应链整体竞争力，并且给商业银行开创了新的业务领域，拓宽了银行的利润空间。同时，预付账款融资模式使得中小企业在采购阶段的资金链得到保障，促进了供应链上下游企业的交易，扩大了交易订单，提升了供应链的整体效益。目前，基于预付账款、应收账款和存货的融资模式在我国企业的应用已经普遍，从业务规模来看，据利基研究院（2017）统计显示，国内银行和金融服务平台开展的供应链金融业务中，预付类大于应收类，大于存货类。这是因为预付类的下游融资主要是为了核心企业的产品销售，国内在产能过剩的大背景下，该模式契合了核心企业扩大销售渠道的需求。应收类因为银行不需要承担企业的销售风险，因承担较小的市场风险而受到青睐，存货类因为操作难度大，监管职责边界不清，实践中存在重复质押和伪造仓单的风险，上海钢贸和青岛港事件就是一个例证，在实践中带来操作和监管难度。

从上述分析中可以看出，我国传统的存货质押融资、应收账款融资、预付款项融资等线下供应链金融模式的产生使得银行等金融机构在给中小企业提供贷款时转变了考察依据，从传统的针对中小企业自身财务信用状况转为考察中小企业所处供应链中核心企业的资产信用状况，缓解了我国中小企业融资难的困境，同时，有利于商业银行开拓中小企业市场，获得新的盈利点。但是，线下供应链金融活动实施的主体是商业银行，一方面由于资金供给参与主体有限，资金供给存在缺口，另一方面，传统商业银行不参与供应链运营，对于供应链运营中的真实贸易过程和物流过程存在信息不对称的问题，且对供应链中的参与企业控制弱，因而对核心企业的标准要求高。基于此，满足传统商业银行条件且能与其达成合作的企业数目较少，导致目前商业银行贷款服务对象仍为国有企业、政府投资企业平台等（高源，2017）。

第三节　线上供应链融资模式的发展研究

我国供应链金融线上化的发展受益于我国互联网金融的高速发展。互联网金融起源于欧美，但在我国的发展速度远远超过其他国家，这是由我国特殊的经济环境决定的。金融排斥和传统金融供给的不足，导致我国中小企业融资难的问题一直难以得到解决。互联网金融的出现，使普惠金融成为可能。此外，与传统线下供应链融资模式相比，线上供应链金融不依靠线下的财务报表和仓单等单据，而是借助大数据、云计算、人工智能等技术手段，对真实的交易数据进行授信和评级，由于交易数据量巨大，存在互推性，增加了造假难度，有效将资金流、信息流、物流和商流的信息对接，从而筛选有效信息建立信用评级体系进行信贷管理。此外，线上供应链金融的资金供给方不局限于银行，获得贷款资质的电商企业也可以作为资金的供给方，有效缓解了资金供给方不足的问题。与我国互联网金融的发展阶段类似，线上供应链金融的发展也可以分为以下三个阶段（郑联盛，2014）：第一个阶段是线上供应链金融的萌芽阶段（1999～2005年）；第二个阶段是传统线下供应链金融的线上化（2005～2012年）；第三个阶段是2012年以来至今的平台化的线上供应链金融模式的发展。

一、线上供应链金融的萌芽

1997年，作为传统金融机构的招商银行开始触网，推出网络银行服务，标志着线上供应链金融的萌芽。随后，在1999年，建设银行开通网上银行服务；在2000年，工商银行分别开通企业网上银行和个人网上银行；在2003年10月，阿里巴巴正式发行支付宝为淘宝用户提供第三方支付服务。在2005年之前，我国的线上供应链金融一直处于萌芽阶段，在这一阶段，我国的供应链金融主要表现为初步地将互联网技术应用在银行或非银行等金融机构，并不是真正意义上的互联网金融。

二、传统线下供应链金融的线上化

随着我国互联网金融的发展以及大数据时代的到来，国内像银行等诸多金融机构将互联网技术与传统线下供应链金融结合，促进了供应链金融的线上化进程。这种模式下，参与提供资金的主体仍是商业银行等金融机构，服务的目标客户也是线下的中小企业。形成供应链的核心企业、第三方物流企业等参与者通过使用商业银行等金融机构提供的线上供应链融资系统进行供应链融资业务，而银行等金融机构则利用线上化的技术实时获取融资企业的各种数据（包括经营状况、信用情况等数据）。

2005年4月1日，我国正式实施的《中华人民共和国电子签名法》和《电子认证服务管理法》对电子数据的合法使用作出了明确的规定，为供应链金融线上化奠定了基础。2007年，我国深圳发展银行率先开始发展线上供应链金融系统，并且首先在2009年初推出线上供应链金融服务，标志着我国供应链金融正式迈入线上化进程。随后在2010年7月，我国工商银行推出了电子供应链融资服务，将银行供应链业务与网络融资紧密结合在一起。2011年1月1日，我国财政部等相关部门发布《财政部、发展改革委、商务部、科技部关于批复中关村现代服务业试点方案的通知》，文件提出加强电子商务和现代物流技术，培育供应链金融等新型现代服务业，为供应链线上化提供了政策支持。2012年3月27日，我国工业和信息化部发布《电子商务"十二五"发展规划》，提出引导电子商务企业与物流企业、金融机构加强合作，探索供应链金融服务创新，说明我国线上供应链金融服务正式进入规模化运作阶段。此后，国内银行纷纷开始发展线上供应链金融产品。如 2012 年 3 月民生银行推出"保理及供应链融资系统"，2012 年 12 月光大银行推出"汽车供应链线上融资系统"，2012 年 12 月平安银行正式提出供应链 2.0 等。

相比于传统的线下供应链模式，线上供应链使得银行能够快速方便地取得各种真实数据，可以随时获取供应链环节各企业的真实经营数据，从而降低融资企业因为违约给银行造成损失的风险，进一步提高了风险控制能力。在我国互联网金融近乎"野蛮式"发展的大环境下，供应链金融的线上化是必然的结果。

三、平台化的线上供应链金融模式

该模式也被一些学者称为供应链 3.0 模式，主要包括两种模式：商业银行主导模式和电商自营模式。在商业银行主导模式中，目前我国一些商业银行主要通过自建平台或者与第三方电子商务平台合作推出线上供应链金融产品。基于电商平台的商业银行主导模式中，商业银行将与中小企业有关的业务转向线上经营，同时在供应链中引入物流企业和信用担保企业，中小企业可在商业银行提供的电子平台上发布交易信息，银行则可以根据平台上企业的交易情况和资信情况向企业提供相关金融服务（刘思薇、张精、柳震，2016）。该模式中，银行提供资金，第三方电商平台类似传统模式中的核心企业为银行筛选户符合供应链金融的客户，在为双方获得收益的同时稳定了供应链上下游企业之间的合作关系。近年来，我国商业银行纷纷推出线上供应链融资平台（如表2－2所示）。

表2－2　　部分商业银行的电商平台供应链金融业务

银行名称	平台名称	平台类型	合作方	平台上线时间
中国银行	聪明购	自营电商平台	—	2008 年 7 月
民生银行	信用卡商城	自营电商平台	—	2009 年 10 月
招商银行	非常 e 购	自营电商平台	—	2010 年 9 月
农业银行	生活 e 站	自营电商平台	—	2011 年 8 月
交通银行	交博汇	自营电商平台	—	2012 年 1 月
建设银行	善融商务	自营电商平台	—	2012 年 7 月
工商银行	融 e 购	自营电商平台	—	2014 年 1 月
建设银行	e 贷通	第三方电商平台	阿里巴巴	2009 年
浦发银行	B2B 在线供应链生态圈	第三方电商平台	生意宝	2016 年

资料来源：史金召，郭菊娥．互联网视角下的供应链金融模式发展与国内实践研究．西安交通大学学报（社会科学版），2015（4）．

在电商自营的供应链金融模式中，电商企业是主要的参与者，在获得国家许可的小额贷款资格后，其依靠电子商务网站，利用企业下属的小贷公司的资金开展供应链融资服务。京东、苏宁、阿里巴巴等电商企业是成功实施电商主导的供应链金融模式的典型代表。这种模式提高了放贷效率，增加了资金的供给主体和使用效率，但在我国，电商企业申请获得贷款资格是比较困难的，即使获得小额贷款资格，但是由于电商企业本身资金规模的局限性，不能向大量企业提供资金，因此这种模式在我国实行的案例较少。随着我国银行牌照管理及市场准入制度的完善，该模式将会有进一步的发展空间。

从表 2-2 中可以发现，我国商业银行早在 2008 年开始推出线上供应链平台，但是在 2008~2011 年期间我国商业银行线上供应链平台的构建发展较为缓慢。同时，在 2012 年之前我国电商企业主导的线上供应链金融模式中较有代表性的企业较少，其中又以 2011 年阿里巴巴成立"重庆阿里小贷"，给淘宝等平台上的商户提供贷款为代表，因此，本章认为我国平台化的线上供应链金融模式是在 2012 年之后才开始快速发展的。2012 年 3 月 27 日，我国工业和信息化部发布《电子商务"十二五"发展规划》，提出引导电子商务企业与物流企业、金融机构加强合作，探索供应链金融服务创新。在此之后，我国平台化的线上供应链金融模式迎来较快的发展。例如 2012 年 7 月，建设银行推出"善融商务"平台；2012

年，苏宁在重庆设立"重庆苏宁小额贷款有限公司"，利用小贷资金向全国经销商、供应商开展供应链融资业务等。2013年党的十八届三中全会《中共中央关于全面深化改革若干重大问题的决定》提出发展普惠金融，鼓励金融创新。基于这样的政策环境下，互联网金融作为普惠金融的组成部分，得到了快速发展。例如2013年，京东推出"京保贝"；2013年3月，阿里巴巴、平安集团、腾讯筹建"众安在线"等。之后在2014年"两会"期间，李克强总理在《政府工作报告》中首次提出促进互联网金融健康发展，完善监管制度，说明互联网金融已成为我国经济中重要的组成部分。得力于我国政府对互联网金融这一领域的政策支持，2014年，我国各商业银行纷纷发展线上供应链金融服务产品，例如2014年1月，工商银行推出"融e购"平台；2014年平安银行推出"橙E网"平台等。2015年5月，国务院发布《关于大力发展电子商务加快培育经济新动力的意见》，文件中明确表示鼓励商业银行、电子商务企业等开展创新的供应链金融服务，为我国线上供应链金融的发展近一步提供了政策支持。国务院办公厅在2017年10月13日印发了《关于积极推进供应链创新与应用的指导意见》，意见明确表示推动供应链与互联网、物联网深度融合，在政策和互联网技术的影响和推进下，预期我国未来线上供应链金融将会得到更快的发展。

目前还出现了基于区块链的供应链金融，被称为供应链金融的 4.0 平台。2017 年 12 月 19 日，广东有贝、腾讯、华夏银行进行战略合作，推出供应链金融服务平台"星贝云链"，是首家与银行战略合作共建的基于区块链的供应链金融平台，此外，苏宁银行加入国内信用证区块链联盟，将区块链技术成功运用于国内信用证产品，降低了客户开立国内信用证的参与"门槛"，缩短业务流程，降低产品的风险，成为继中信银行、民生银行后加入国内信用证区块链联盟的全国第三家银行。

从上述分析中可以发现，供应链金融从线下到线上的转变，使得商业银行在成本控制、业务拓展、风险控制等方面都具有明显优势。在成本控制方面，线上供应链金融借助信息化技术，让信息能够在供应链中高速流通，使得银行能够以较低的成本获得供应链企业的信贷审核要素。在业务拓展方面，线上供应链金融能利用互联网突破传统地域限制，达成让全国各地的企业都能成为银行的潜在客户这一目标，拓展了银行业务。在风险控制方面，通过信息平台，银行能实时监控获取企业的交易数据，掌握企业的资金流等相关信息，进一步降低了银行与企业之间信息的不对称，达到风险控制的目的。此外，改善了线上中小企业贸易融资现状，促进了电商产业健康快速发展。

第四节 总结与展望

本章总结探讨了供应链金融从线下到线上的发展历程及特征。我们的研究表明，传统的存货质押融资、应收账款融资、预付款项融资等线下供应链金融模式的产生，使得银行等金融机构在给中小企业提供贷款时，从传统的针对中小企业自身财务信用状况转为考察中小企业所处供应链中核心企业的资产信用状况，弥补了中小企业自身信用不用的现状，并缓解了我国中小企业融资难的困境，同时，有利于商业银行开拓中小企业市场，获得新的盈利点。

但是，由于传统供应链金融是以银行为主导的供应链金融模式，一方面由于资金供给参与主体有限，资金供给存在缺口；另一方面，银行对于供应链中的参与企业控制弱，因而对核心企业的标准要求高，满足条件且最终达成合作的企业数目较少，贷款服务对象仍为国有企业、政府投资企业平台。随着信息技术的发展，供应链金融由原来的链条式管理向网状模式发展，逐步实现线上化，线上供应链融资模式应运而生。

与传统线下供应链融资模式相比，线上供应链金融不依靠线下的财务报表和仓单等单据，而是借助大数据、云计算、人工智能等技术手段，对真实的交易数据进行授信和评级，由于交易数据量巨大，存在互推性，增加了造假难度，有效将资金流、信息流、物流和商流的信息对接，进一步解决链条中的信息孤岛和信息不对称问题，从而筛选有效信息建立信用评级体系进行信贷管理。

线上供应链金融具体又可以分为传统线下供应链金融的线上化和平台化的线上供应链金融模式，这两种模式对商业银行的成本控制、业务拓展和风险控制等方面有明显优势，对中小企业而言，增加了资金供给主体，也可以改善线上中小企业融资现状，促进电商产业健康快速发展，随着我国供给侧改革、加快培育经济新动力政策的不断出台，未来线上供应链金融将会得到更快发展。

本章参考文献

［1］Breckwoldt T. Management of Grain Storage in Old Babylonian Larsa. Archiv Für Orientforschung，1995.

［2］Coleman A. and Valeri L. M. Storage and warehouse receipts as financing instruments，2007.

［3］罗正明. 金融深化中我国中小企业融资问题探索. 西南财经大学硕士学位论文，2007.

[4] 吴雨. 供应链金融成银行"趁手"工具. 人民网，2017 - 5 - 2.

[5] 宋华，陈思洁. 供应链金融的演进与互联网供应链金融：一个理论框架. 中国人民大学学报，2016（5）.

[6] 胡跃飞，黄少卿. 供应链金融：背景、创新与概念界定. 金融研究，2009（8）.

[7] 马佳. 供应链金融融资模式分析及风险控制. 天津大学硕士学位论文，2008.

[8] 闫俊宏. 供应链金融融资模式及其信用风险管理研究. 西北工业大学硕士学位论文，2007.

[9] 其其格. 商业银行供应链融资的发展状况. 北方经济，2012（15）.

[10] 罗齐，朱道立，陈伯. 第三方物流服务创新：融通仓及其运作模式初探. 中国流通经济，2002（2）.

[11] 马佳. 供应链金融融资模式分析及风险控制. 天津大学硕士学位论文，2008.

[12] 闫俊宏. 供应链金融融资模式及其信用风险管理研究. 西北工业大学硕士学位论文，2007.

[13] 其其格. 商业银行供应链融资的发展状况. 北方经济，2012（15）.

[14] 罗齐，朱道立，陈伯. 第三方物流服务创新：融通

仓及其运作模式初探．中国流通经济，2002（2）．

[15] 崔艳梅．浅论国际贸易融资方式及其在我国的发展与应用．西南财经大学硕士学位论文，2006．

[16] 谢辉．制度变迁与对外贸易发展问题研究．首都经济贸易大学硕士学位论文，2006．

[17] 林毅夫，胡书东．加入世界贸易组织：挑战与机遇．国际经济评论，2000（3）．

[18] 林治海，姜学军．国际贸易融资创新——商业银行面临的新课题．财经问题研究，2004（11）．

[19] 新华网．2005．

[20] 财经新闻．2017．

[21] 王佼．我国企业应收账款融资方式研究．河北大学硕士学位论文，2009．

[22] 潘玉伟．论应收账款质押融资及其风险防范．复旦大学硕士学位论文，2009．

[23] 杨晖．应收账款质押融资在我国的发展研究．金融发展研究，2007（12）．

[24] 王若晨，刘波．我国信贷规模、价格与货币供应量关系的实证研究．特区经济，2012（4）．

[25] 高源．互联网背景下供应链金融模式研究．浙江大学硕士学位论文，2017．

[26] 郑联盛. 中国互联网金融：模式、影响、本质与风险. 国际经济评论，2014（5）.

[27] 刘思薇，张精，柳震. 互联网背景下线上供应链金融发展模式分析. 经济论坛，2016（12）.

第三章

新型农业经营主体供应链
融资的形成机理研究

第一节 信息不对称、信贷配给与新型农业
主体的供应链融资

新型农业经营主体与传统小农作业相比，具有规模和专业优势，是我国农业现代化建设的中坚力量。但是，作为在工商行政管理部门注册登记的企业，新型农业经营主体中的合作社、家庭农场以及部分农业产业化龙头企业规模普遍较小，实践中存在内部治理结构不完善，财会制度不健全，而且这些新型农业经营主体普遍没有融资相关的信用记录，银企之前的信息不对称使得商业银行在提供贷款时，要求新型农业经营主体提供相应的抵押物，与工业类中小企业类似，

新型农业经营主体缺少正规金融机构所要求的合格抵押物，进而导致银行的信贷配给。据周扬（2017）的调研表明，新型农业经营主体受到供给和需求双重的信贷约束，占比高达77.6%；王莉（2014）对江苏省新型农业经营主体的调研也表明，67.19%的样本受到了正规信贷配给。供应链金融的出现，有效缓解了上述问题。据李勤（2010）、顾群（2016）、周卉等（2017）、韩民等（2017）的研究表明，供应链金融缓解新型农业经营主体融资约束的机制如下。

一、通过供应链金融和核心企业或者第三方物流企业等监管企业，银行可以获得关于新型农业经营主体融资方更多的"软信息"

在传统信贷模式下，银行既是贷款人，又是监督人，处于信息劣势方的银行很难甄别出与信贷决策有关的有效信息，在供应链金融融资模式中，核心农业产业化龙头企业或者第三方物流企业作为资金流和物流的枢纽，能及时把握新型农业经营主体的货物流、资金流走向，并为新型农业经营主体提供担保，为金融机构的贷前和贷后决策提供了重要依据，降低了金融机构由于信息不对称性形成的信贷风险。

二、供应链融资盘活了流动资产，丰富了新型农业经营主体传递信号的工具

新型农业经营主体供应链融资的三类模式分别为应收账款融资、存货质押融资和预付账款融资三类模式，在新型农业经营主体参与的供应链金融中，商业银行对新型农业经营主体抵押物（或者质押物）的要求从不动产延伸到了应收账款、预付账款和存货等流动资产。作为供应商的供应链上游新型农业经营主体，以及作为分销商的供应链下游新型农业经营主体，可以利用核心企业赊销未收到的应收账款（核心企业承担还款责任）、自有的加工农副成品（核心企业承担还款责任）以及运输仓储（核心企业回购货物）作为质押向金融机构融资，从而解决了新型农业经营主体缺乏质押物造成的融资约束问题（深圳发展银行和中欧国际工商学院，2009）。

此外，供应链上的新型农业经营主体是由核心农业产业化龙头企业通过一定的选拔机制选定的合作伙伴，这种稳定的合作关系向银行传递了融资企业符合供应链的准入体系。从另一个侧面传递了新型农业经营主体的经营能力，将进入供应链的新型农业经营主体与未进入供应链的新型农业经营主体的受信能力区分开来，丰富了新型农业经营主体传递自

身质量的渠道。

三、"价值链"及其衍生的"信誉链",加大了新型农业经营主体的违约成本

新型农业经营主体供应链融资模式改变了传统的对单个授信企业的资信评估,转而对整个供应链交易的真实性以及核心农业产业化企业的运营能力进行评估,处于供应链上下游的新型农业经营主体可以借助核心企业的资信提高自身的受信水平。如果新型农业经营主体在贷款合同中违约,核心农业产业化龙头企业需要提供担保,因此核心企业为了不承担连带责任,以及为了整个供应链的信誉水平,发挥着监督上下游从银行融资的新型农业经营主体的功能。融资企业的违约可能导致核心农业产业化龙头企业终止双方未来所有可能的合作机会,加大了融资企业的违约成本。

四、通过专业化的操作平台和风控系统,降低了信息不对称出现的几率

随着互联网金融的发展,实践中出现了以商业银行和电商企业牵头为主的线上供应链金融(也有学者将其称为互联网供应链金融),具体而言,线上供应链金融是指兼具资金提供者和电商平台运营者身份的商业银行或拥有贷款执照的电

商，在对其平台长期积累的信用数据及产业龙头企业提供增信的交易证明进行分析的基础上，运用自偿性贸易融资的信贷方式，向在电商平台上进行商业交易的中小企业提供信贷及支付结算、资金流通、资金管理等综合金融服务，并利用其线上资金支付工具对贷款去向进行追踪监管的一种金融创新模式（袁昌劲，2014）。也就是说互联网供应链金融使上游供应商、产业龙头企业、物流企业和下游消费者通过其平台的连结形成供应链闭环，使得供应链从以前的线性节点进化为网状平台，并且凭借其资源整合能力、信息技术优势为供应链金融参与者解决融资问题（如图3-1所示）。

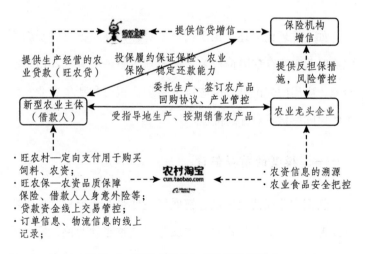

图3-1　蚂蚁金服线上供应链融资模式

资料来源：根据调研资料整理。

从中可以看出，线上供应链金融不依靠线下的财务报表和仓单等单据，而是借助大数据、云计算、人工智能等技术手段，对真实的交易数据进行授信和评级，由于交易数据量巨大，存在互推性，增加了造假难度，有效将资金流、信息流、物流和商流的信息对接，从而筛选有效信息建立信用评级体系进行信贷管理，解决了供应链中多个交易主体之间信息不对称导致信用数据缺失的问题。

第二节 基于博弈论视角的新型农业经营主体供应链融资形成机理研究

如上述理论所述，由于信息不对称，商业银行对于新型农业经营主体存在惜贷行为，本部分参照陈平等（2015）的研究，应用博弈论分析供应链金融弱化银行和新型农业经营主体之间信息不对称的机理。

一、模型的前提假设

新型农业经营主体供应链融资主要是基于存货、应收账款或者预付账款三种模式，本部分以应收账款为例，假设采用供应链融资的方式如下：处在供应链上游的新型农业经营主体（农民合作社或者家庭农场）是核心农业产业化龙头企业的供应商，新型农业经营主体给核心农业产业化龙头企业供货，核心农业产业化龙头企业由于在供应链中具有议价优势，因而会最大程度利用赊账期，延迟货款支付，处于产业链上游的新型农业经营主体获得了相应的应收账款。在供应链融资中，新型农业经营主体可以利用核心农业产业化龙头企业的资信给自己增信，将新型农业经营主体与农业产业化龙头企业之间的应收账款债权质押给银行进行信用贷款，形成了新型农业经营主体供应链金融中基于应收账款融资的模式。

二、模型的设定

本部分主要构建了新型农业经营主体采用和没有采用供应链融资模式时，处于产业链上游的新型农业经营主体与商业银行的博弈模型。然后对比两种模式下商业银行与新型农业经营主体各自的支付函数。

首先，对于未采用供应链融资模式的情形，假设新型农业经营主体所需的融资金额为 L，新型农业经营主体通过信贷资金获得的总收益为 I，所需支付给银行的利息成本为 R，银行的监督成本为 C，且满足 $I > L > 0$，$0 < C < R$。构建商业银行与新型农业经营主体之间的博弈模型和各自的支付函数，如表 3 – 1 所示。

表 3 – 1　　　　　非供应链融资模式下的商业银行与

新型农业经营主体的博弈模型

		新型农业经营主体	
		还	不还
银行	贷	$R - C,\ I - R$	$-L - C,\ L + I$
	不贷	$0,\ 0$	$0,\ 0$

其次，考虑采用供应链融资模式时商业银行与新型农业经营主体之间的博弈模型。在供应链融资模式中，新型农业经营主体作为供应链中的上游供应商，为核心农业产业化龙头企业提供稳定的原材料，为了稳定的货源等原因，核心农业产业化龙头企业为新型农业经营主体提供担保，并向新型农业经营主体收取担保费用 G，新型农业经营主体自身的违约成本为 C。根据以上假设，建立的博弈模型如表 3 – 2 所示。

表 3 – 2　　　供应链融资模式下的商业银行与新型农业

经营主体的博弈模型

		新型农业经营主体	
		还	不还
银行	贷	$R - C,\ I - R$	$R - C,\ L + I - G - C$
	不贷	$0,\ 0$	$0,\ 0$

三、模型博弈结果分析

对于表 3 – 1 中未采用供应链融资方式下的商业银行与新型农业经营主体的博弈中，主要有以下两种情况：（1）新型农业经营主体向银行申请信用贷款，银行由于新型农业经营主体缺乏抵押物、财务报表不规范等原因，拒绝授信，则银行和新型农业经营主体的收益都为零；（2）如果银行根据新型农业经营主体的经营情况和现金流情况，选择接受新型农业经营主体的信用贷款，对新型农业经营主体给予授信，则又可以分为以下两种情况：①新型农业经营主体经营状况良好，按时足额归还贷款本息，则商业银行获得的收益为 $R - C > 0$，企业获得的收益为 $I - R > 0$，双方在合作博弈中达到了共赢；②新型农业经营主体经营状况不佳，不能按时足额归还贷款本息，对商业银行而言，由于新型农业经营主体本身所处行业风险较大，而且自身资信状况较差，因而这笔贷款对银行而言成为坏账，银行总的贷款损失为贷款本金 L，以及监督成本 C（即便银行对贷款进行了监督，但是传统的信贷风险控制技术无法防范风险的发生），新型农业经营主体从中获取 $L + I$ 的收益。在商业银行选择给新型农业经营主体授信的情况下，新型农业经营主体违约的收益（$L + I$）大于其还款的收益（$I - R$），所以新型农业经营主体在一定程度上有为了获得更高收益而违约的动机。商业银行与新型农业经营主体之间关于各自收益函数的信息完全对称，因而商业银行为了避免损失，会选择不贷款。这种情况下商业银行与新型农业经营主体之间博弈的纳什均衡为商业银行拒绝授信，双方的收益都为 0，这也是目前新型农业经营主体所面临的融资难的现实情况。

对于表 3 – 2 中采用供应链融资的模式时，商业银行与新型农业经营主体的博弈如下，因为新型农业经营主体在加入供应链融资模式时，已经通过了农业产业化龙头企业设定的选拔机制，成为农业产业化龙头企业的合作伙伴。同时，新型农业经营主体也可以借助农业产业化龙头企业的地位提高自己的信用水平。因此，在供应链融资模式中，新型农业经营主体与商业银行的收益函数与未加入供应链融资时发生了变化，当商业银行同意贷款时，新型农业经营主体无论采用合作还是不合作策略，商业银行的收益都为 $R - C > 0$，因此，商业银行都有选择贷款的动机。对于新型农业经营主体而言，如果选择偿还贷款，其收益为 $I - R$，如果选择违约，其收益为 $L + I - G - C$。当 $I - R > L + I - G - C$ 时，即 $G + C > L + R$ 时，将得到纳什均衡解（贷，还款），这也是实践中对商业银行与新型农业经营主体而言，可实现持续借贷的均衡状态。对于上述不等式的分析可以看出，新型农业经营主体作为供应链中核心农业产业化龙头企业长期稳定的供应商，核心农业产业化龙头企业选择为期进行信贷担保，一旦新型农业经营主体违约，核心农业产业化龙头企业将承担连带偿还责任，这会使核心农业产业化龙头企业在以后为中小企业提供担保时，提高收取的反担保费用 C，新型农业经营主体这种失信行为，甚至会失去将来与所有农业产业化龙头企业合作的机会，因而新型农业经营主体的违约成本 G 将是巨大的，从长期博弈视角来看，农业产业化龙头企业与新型农业经营主体之间最终的博弈将会实现 $G + C > L + R$，最终达到纳什均衡解（贷，还款）。

第三节　总　　结

从上述分析中可以发现，对新型农业经营主体来说，一方面，借助供应链上农业产业化龙头企业的信用，可以降低商业银行与新型农业经营主体之间的信息不对称问题，盘活新型农业经营主体的流动资产，解决其融资难题；另一方面，供应链融资可以促进新型农业经营主体与核心农业产业化龙头企业之间加强合作，确保整个供应链的资金流稳定、信息流的畅通对称，进而提高整个供应链的竞争力。对商业银行等金融机构而言，供应链融资可以扩大商业银行的授信范围，有利于商业银行开拓新市场，在我国金融业日益开放的背景下提高商业银行的竞争力。从中可以发现，新型农业经营主体供应链融资可以优化参与主体双方的利益，并使博弈双方最终实现稳定的纳什均衡，这是新型农业经营主体供应链金融得以不断发展的根本动因。

第四章

线上供应链金融利益
分配机制研究
——以蚂蚁金服农业供应链金融为例

第一节　研究背景与意义

线上供应链金融，是指兼具资金提供者和电商平台运营者身份的商业银行或拥有贷款执照的电商，在对其平台长期积累的信用数据及产业龙头企业提供增信的交易证明进行分析的基础上，运用自偿性贸易融资的信贷方式，向在电商平台上进行商业交易的中小企业提供信贷及支付结算、资金流通、资金管理等综合金融服务，并利用其线上资金支付工具对贷款去向进行追踪监管的一种金融创新模式（袁昌劲，2014）。也就是说线上供应链金融使上游供应商、产业龙头企业、物流企业和下游消费者通过其平台的连结形成供应链闭环，使得供应链从以前的线性节点进化为网状平台，并且凭借其资源整合能力、信息技术优势为供应链金融参与者解决融资问题（宋华等，2016）。

在实践中，线上供应链金融表现出了强大的优势。第一，线上供应链运营平台解决了供应链中多个交易主体之间信息不对称导致信用数据缺失的问题，为中小企业提供更多低利率贷款支持，有效解决了中小企业融资难和融资成本高的问题；第二，利用电商平台的大数据及其资金支付工具，追踪了贷款去向，确保了借贷资金基于真实交易，加强了对供应链金融的风险监控，确保资金流向实体经济；第三，线上供应链简化了原来过多的生产和交易环节，优化了产业模式，使产能与金融配置趋于合理；第四，线上供应链金融改革了信贷模式，简化了审批、放款流程，极大地提高了资金的利用率，解决了中小企业融资难的问题，提高了企业运作效率；第五，线上供应链中资金的提供方不再仅仅是银行，更多电商平台优质资本进入供应链，促进了实体产业经济的发展；第六，线上供应链运营平台积累了大量的交易数据，通过分析参与主体的交易行为，可以深入挖掘客户需求，开发更灵活的金融产品，为客户提供更优质的金融服务。

在政策方面，近年来国家大力推进供应链金融创新，线上供应链金融迎来新机遇。2017 年 10 月，国务院办公厅印发了《关于积极推进供应链创新与应用的指导意见》，意见提出要"以深化供应链与互联网、物联网融合为方法，以信息化为支撑，创新供应链理念、技术和模式，高效整合各方资源，打造大数据支撑、网络化共享、智能化协作的智慧供应链体系"，并给出了具体努力方向——发展线上应收账款融资。这份指导意见中我国计划三年内培育 100 家领先国际的供应链企业，其中重要产业供应链的竞争力要在国际上有突出优势，使我国成为国际供应链创新与实践的一大中心。可见，供应链创新是我国着力推进的方向。

在国家的大力支持下，近年来供应链金融在我国发展迅速。根据产业研究院供应链金融行业报告数据，我国供应链金融的市场规模三年后可达 14.98 万亿元左右。作为供应链创新中的热点，线上供应链金融已经在我国崭露头角。2015 年"中国供应链金融创新高峰论坛"在深圳举行，会上专家提出"线上供应链金融的跨界融合创新"，鼓励行业间跨界合作。以蚂蚁金服农业互联网金融为例，2016 年 12 月，蚂蚁金服发布全方位农村金融战略，并提出"谷雨计划"：2020 年前，蚂蚁金服将与 100 家龙头企业展开合作，为农产品供应商提供金融服务，发动合作伙伴一起为全国 1 000 个县提供包括支付、保险、信贷等综合金融服务，并在此基础上联合社会力量为"三农"

事业发放 10 000 亿元贷款。随着"互联网 +"技术的推进和国家的大力支持，我国线上供应链金融的发展前景十分辽阔。

目前，我国线上供应链金融处于发展初期，系统中还存在许多不稳定因素，健康有序的发展是目前线上供应链金融最重要的议题。其中，利益分配机制是否公平合理是影响线上供应链金融系统健康有序发展的首要因素。各参与主体间的利益分配公平合理才能保证每个环节的紧密连结，最终实现线上供应链金融闭环。因此，研究线上供应链金融的利益分配机制是线上供应链金融研究中的一大方向。影响利益分配的因素很多，主要有定价、信用期、合作稳定性等。在供应商和龙头企业之间，经过长期稳定友好的合作，一般已经形成固定的信用期。因此，定价是线上供应链金融中供应商和龙头企业之间利益分配最重要的因素。研究线上供应链金融的利益分配机制时围绕双方定价问题具有重要的现实意义。

第二节　文　献　回　顾

一、国内外对互联网供应链金融的研究

随着"互联网 +"技术的成熟和推进，供应链金融正

朝着互联网方向积极实践探索，但其理论研究却相对滞后。目前，国内外对互联网供应链金融的研究大多停留在对其发展模式、参与主体、风险评估、策略建议等的理论研究。国外的研究较早，克罗宁（Cronin，1998）早在1997年就大胆预测，随着电子信息技术走向成熟，电子商务将迅猛发展，成为金融服务行业中的重要领域，并提出了基于互联网的电子商务金融服务需要解决的关键问题和面临的挑战。弗雷德曼（Freedman，2008）认为电商小额信贷的线上化服务简化了原本银行烦琐贷款程序，从而降低了借款人的融资成本，对中小企业解决融资具有积极作用。巴苏（Basu，2012）研究了预付账款这一种融资模式，认为预付账款融资有利于解决物流的滞后性。同时，他还建立了随机动态模型，分析了预付账款融资的价值。虽然我国研究较晚，但近年来随着电子商务和供应链金融的飞速发展，我国学者越来越关注互联网供应链金融的研究。史金召、郭菊娥（2015）从互联网供应链金融在参与主体、资金来源、目标客户等方面的特点，将其划分为三种类型：商业银行推出的网络银行服务、电商供应链金融和银行联合或开发电商平台的供应链金融。李小金等（2017）解释互联网供应链金融参与主体间的关系为多重委托代理关系，银行和电商平台间为委托授信关系、银行和龙头企业间为融资担保关系、银行和物流企业间为委托监控关系、融资企业和物流企业间为委托保管关系。康辰纲（2017）通过分析当前互联网供应链金融的发展现状和模式，提出要实现我国互联网供应链金融健康、多元化、持续发展，需要加大对"互联网＋"技术的支持，建立风险防范体系，完善法律监督管控等对策建议。

二、国内外对供应链金融利益分配机制的研究

国内外研究线上供应链金融利益分配的文献目前还很少，大部分研究的对象是传统能供应链，用于解决供应链合作主体之间的利益分配问题。近年来，国内对供应链金融的利益分配有比较成熟的研究。学者从不同角度，运用不同的方法给出公平合理的利益分配方案，促进了供应链金融的发展。表 4－1 是国内外对供应链金融利益分配机制的研究动态。通过文献梳理可以发现，国内外研究运用的方法主要有 Shapley 法、博弈思想和协商定价法，并且越来越多学者用以上多个方法综合来分析。还可以发现，较多学者运用了定价与博弈相结合的办法，建立了合作双方利益协调的定价博弈模型。

表 4 – 1　国内外对供应链金融利益分配机制的研究现状

研究者（年份）	研究的主要内容	研究方法或成果
卡尔·莫拉什（Karl Morasch，2000）	在利益分配中充分考虑各参与主体在合作中的独特角色，激励生产。	"委托—代理"机制
吉奥诺卡洛一世等（Giannoccaro I et al.，2004）	从龙头企业的角度，在产品定价的转移方面对合作收益共享条约进行分析。	确定好合作机制可以使各参与主体为有效分配利益作出一致性决策：进一步深入合作，提升系统总收益。
严（Yan，2008）	运用博弈方法研究了制造商和零售商双渠道供应链中的利润分享和所发挥的战略作用。	利用讨价还价模型来实现供应商和分销商的利润分享。研究结果显示，制造商和零售商都从双渠道利润分享策略中受益，且最佳市场策略能够确定。
胡等（Kai Hu et al.，2012）	探讨了猪供应链上游养猪企业和下游屠宰企业的行为策略，从而研究两者间的产品定价与利润分配。	运用收益共享契约理论和实证案例来说明：收益分享契约可以协调猪供应链，并给出不同份额比率的定价策略和利润分配比例
叶飞（2004）	通过建模来解决由两个上游供应商和一个下游销售商形成的供应链的利益分配问题。	综合运用合作对策理论中的中心法、Shapley 值和纳什博弈模型，并通过加权平均将多种结果折中为合理的利益分配方案。
马士华和王鹏（2006）	通过建模来解决供应链参与主体间合作的收益分配问题，并加入了激励企业技术创新的变量对模型进一步进行修正。	运用解决多人合作对策问题的 Shapley 法，并对其进行修正。

研究者（年份）	研究的主要内容	研究方法或成果
刘兴旺（2007）	对不同条件的收益博弈进行分析，分别对完全信息和非对称信息情况下的收益分配问题构建模型，并进行分析。	在完全信息情况下运用讨价还价纳什解法并引入非平等主义系数构建模型，在非对称信息情况下利用多阶段博弈理论并引入努力水平因子构建模型。
赵晓丽和乞建勋（2007）	基于煤电企业供应链利益分配模式的特点建立利益分配模型来分析煤电行业供应链利益分配机制。	综合运用了讨价还价博弈方法、风险期望原理和 Shapley 值法建立利益分配模型。

综合上述国内外文献，我们可以发现：相比于在实践中的快速发展，线上供应链金融深入的理论研究还很缺乏。我国虽然发展供应链金融较晚，但在线上供应链金融领域，近年来无论是在理论还是实践上都处于优先地位。要使我国线上供应链金融健康、稳定、持续的发展，我们需要在前人基础理论研究的基础上深入探讨其内部机制的问题，特别是对利益分配机制的研究。目前国内外较多学者运用定价与博弈相结合的办法来研究供应链金融的利益分配问题，本章拟将此方法运用到线上供应链金融的利益分配机制研究中。关于定价博弈的分析方法，鲁宾斯坦提出的轮流讨价还价博弈模型比较有代表性。本章拟借鉴这一思想，针对线上供应链金融中龙头企业与供应商围绕交货价格的再定价问题，构建双

方轮流讨价还价博弈模型。

第三节　线上供应链金融发展现状

一、供应链金融总规模

近年来，供应链金融发展迅猛。统计数据显示，从 2011～2013 年，国际银行的供应链金融业务年增长率在 30%～40%，预计到 2020 年，增长速度都将不会低于 10%。在我国，供应链金融在电力设备、计算机通信、汽车、煤炭、化工、医药、钢铁、有色金属、农副产品等行业都有非常迅速的发展且发展空间巨大，现市场规模已超过 13 万亿元。根据前瞻产业研究院供应链金融行业报告，两年内我国供应链金融的市场规模可达 14.98 万亿元。可见，供应链金融的规模之大，发展前景之广阔。互联网供应链金融作为供应链金融的创新业务，凭借其大数据优势使物流、商流、信息流和资金流达到"四流合一"，已经成为供应链金融业务中最受瞩目一个。除传统金融机构银行外，电商平台、产业龙头企业、物流企业、软件服务商、大宗商品网站等纷纷涉足线上供应链金融。尽管供应链金融在我国已经开始发挥明显作用，但中小企业贷款难问题仍普遍存在。2016 年，金融机构贷款余额为 106.6 万亿元，中小企业贷款余额为 39.27 万亿元[1]，约占 36.84%，中小企业贷款需求巨大。互联网供应链金融在解决中小企业融资问题上比传统供应链金融具有更大优势，具有广阔的发展前景。

二、互联网供应链金融的运作模式

2013 年是互联网金融崛起之年，大数据、移动支付、云计算等"互联网＋"技术纷纷应用到金融领域。银行、电商、保险、证券等各家机构积极拓展互联网金融业务，涌现了P2P、互联网众筹、第三方支付等金融创新业务。在这样的背景下，供应链金融的运作模式也发生了很大变化，互联网供应链金融应运而生。本文根据资金来源，把互联网供应链金融分为电商供应链金融、银行线上供应链金融和企业线上供应链金融三类。

（一）电商供应链金融

从阿里巴巴、京东商城再到苏宁，电商企业独立发展供应链金融正成为新一轮电商巨头抢占的领域。电商平台因为前期商户资源的积累，拥有商户的交易信息大数据，包括商户的资金、信用、物流情况，比起银行信贷节约了成本，从

---

[1] 《中国中小企业年鉴（2016）》。

而降低整个融资关联方的成本，实现共赢。电商供应链金融有以下定义（史金召等，2015）：电商企业获得小额贷款牌照后，运用旗下小贷公司的资金，独立开展基于电子商务网站的网商供应链融资服务。根据电子商务类型对电商供应链金融进行细分，如图 4 - 1 所示。

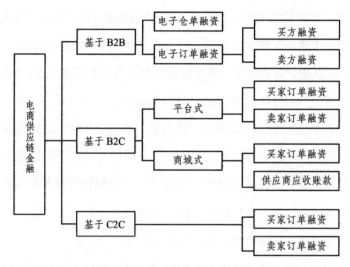

图 4 - 1　电商供应链金融分类

本节选择其中最具代表性的蚂蚁金服和京东供应链金融来详细分析它们的运作模式。根据阿里巴巴财报，2017 年蚂蚁金服向阿里巴巴支付的利润分成达 49.46 亿元，按 37.5% 的分配比例折算，2017 年蚂蚁金服的税前利润达到 131.89 亿元。2015 年 5 月，蚂蚁金服设立浙江网商银行，一年内该银行的小微企业客户就高达 80 万家，累计提供 450 亿元信贷。阿里巴巴的供应链融资服务主要是卖家订单融资业务，包括天猫卖家和淘宝卖家。此外也有买家订单融资服务，例如天猫的分期付款。秉持着"八二"新金融战略思路，蚂蚁金服积极投身农村金融业务。截至 2017 年 2 月底，蚂蚁金服在支付、信贷方面服务的"三农"用户数分别达到 1.67 亿、3 824 万。尤其是农村金融领域，服务了 166.9 万家小微企业和农户。其中，旺农贷已经覆盖全国所有省市区的 231 个市、557 个县，户均贷款 1.56 万元，贷款余额用户数 3.5 万人，余额达 5.46 亿元。在此基础上，蚂蚁农村金融 3.0 阶段即蚂蚁金服农业供应链金融应运而生。蚂蚁金服的优势在于阿里强大的生态圈，拥有最大的电商交易平台和控制着规模 5.5 万亿美元的中国移动支付市场。蚂蚁金服利用大量历史交易信息进行精准的数据分析，使其具有极强的运作优势。

京东供应链金融服务于 2012 年上线，2013 年开始联合银行向供应商提供贷款服务。2013 年 12 月京东推出"京保贝"使其在供应链金融领域更具竞争力。"京保贝"的突出特点是快速向供应商提供贷款，最快 3 分钟资金即可到账，且有较好的风险控制。"京保贝"上线当月融资金额就超过 3 亿元，一年后完成了 10 亿元以上的融资。目前，京东共推出了三种供应链融资贷款产品：针对京东平台商家的"网商贷""京小贷"和针对京东自营供应商的"京保贝"。京东的优势在于不仅拥有强大的电商平台，还有自营物流，这些信息能帮助其根据交易记录、物流数据全方位地实现对贷款者的信用评估。蚂蚁金服和京东利用自身优势开创了不同的供应链金融发展模式，表 4 - 2 从"四流"角度来比较两者的运作模式。

表 4 - 2　　蚂蚁金服与京东供应链金融运作模式比较

	蚂蚁金服	京东
资金流	以蚂蚁金服为主导，为线上和线下供应商提供资金	以电商平台为主导，为上游供应商提供资金支持
商流	农村淘宝、天猫、阿里巴巴	京东商城（京东自营）
物流	菜鸟物流（联合大型物流企业信息共享）	京东 TC（自有）
信息流	阿里云计算、龙头企业历史交易数据、菜鸟网络数据	网络行为数据、交易数据、物流仓储数据、Zest Finance、聚合数据等其他数据公司的数据

资料来源：转引自阮明烽，石锦琳．互联网企业的供应链金融模式分析——基于京东、蚂蚁金服和找钢网的比较．浙江金融，2017．

（二）银行线上供应链金融

另外，银行也不甘示弱，积极拓宽互联网供应链金融的渠道。银行线上供应链金融分为两类，一是为传统线下供应链金融的电子化，二是基于电商平台的银行供应链金融。

传统线下供应链金融的电子化不仅实现了传统供应链金融完整的线上迁移，而且还包括供应链上供应商和下游经销商的融资、库存等信息的授权共享，即帮助了龙头企业了解又有利于构建对企业客户全方位、多层次的线上服务体系，促进整个供应链协调发展。

银行在与电商企业及第三方电子商务平台合作推出线上供应链金融服务的同时，积极拓展服务来解决网商融资问题。建设银行、工商银行、交通银行等商业银行纷纷自建电子商城，拓展买家订单贷款、应收账款贷款、大买家供应商订单融资等多种供应链融资服务。以建设银行2012年6月推出的"善融商务"为例，上线半年交易额就突破了30亿元，发展到2014年成交额已经近500亿元，交易数超过200万笔。银行与第三方电商平台合作开展供应链金融的运作模式也得到了快速发展，以建设银行与金银岛、敦煌网等第三方B2B电商联合推出的"e单通""e保通"等为代表，由银行进行资金放贷，电商平台发挥担保作用。

（三）企业线上供应链金融

除了电商平台和银行，许多传统龙头企业也加入了互联网供应链金融的浪潮。家电巨头海尔集团在2014年6月成立了"海融易"供应链金融平台，为其供应链上下游中小企业提供融资服务。海融易上线两年就已为上千户中小微企业提供金融服务，交易金额高达 293 亿元。五粮液于 2015 年 5 月"杀进"医药供应链金融。2017 年 3 月，一汽大众联合工行，为供应链经销商提供网上申请、签约、还贷等一站式服务。此外，大宗商品服务商也加入到互联网供应链布局。以中瑞财富为例，其为煤炭、油气、钢铁等供应链中的企业提供融资服务，到 2016 年平台历史成交额已经突破 67 亿元。

三、供应链利益分配现状

供应链企业利益由主体、客体和中介三部分构成。主体是参与供应链的各企业，其中龙头企业极其上、下游企业是供应链利益分配的主体。龙头企业掌握了大量资源，是供应链上的核心。它们的绩效通常会影响整个供应链的收益，能对其上下游企业产生很大影响。客体就是利益，企业之所以参加供应链就是为了实现利益的最大化。但供应链利益不仅是对一个企业而言的，是与整个供应链的参与主体相关的，追求的是供应链系统利益的最大化。所以有时从长远角度要求个别企业作出一些牺牲，来保证系统的利益。中介就是利益分配机制，动态协调供应链利益主体间复杂的利益关系，发掘潜在的利益，最终实现整体利益的最大化。

（一）供应链利益分配原则

供应链中各企业的利益既有对立又有统一，所以如何在整体利益增长的同时使个体利益也得到提升，是供应链利益分配的根本问题。要使供应链利益得到公平、合理的分配，可以从以下原则出发。

（1）共赢原则。获益是供应链参与主体参与供应链的目的，因而利益分配必须保证参与供应链的各方都有利可图，企业间的合作关系才能稳定，最终才能实现整个供应链系统的利益最大化。

（2）利益与风险对应原则。供应链金融的基本思想是"利益共享，风险共担"。在利益分配时要充分考虑各企业承担的风险大小，对承担风险大的企业要给予风险补偿，提高参与企业的积极性，牢固供应链各方的合作关系，进而保证整个供应链闭环的稳定、高效。

（3）公平原则。供应链中各企业的角色和投入不同，根据公平原则来分配利益，多劳多得，这样才能更好地激励企业参与供应链金融的积极性，推动整个供应链向前发展。

（4）信息透明原则。信息沟通不畅是引起供应链各方利益分配矛盾的主要原因。为减少矛盾，维护供应链金融的秩序，龙头企业在利益分配的过程中应发挥核心作用，及时披露利益分配的依据和方案等信息。

（5）中小企业充分参与的原则。虽然龙头企业在供应链中起着核心的作用，根据公平原则在利益分配上更具发言权，但其他中小企业企业也应有相应的决定权，这样建立的利益分配机制才能保证充分考虑各方利益，使得整个供应链健康发展。

（二）三种融资模式下的利益分配

供应链金融中包括多个参与主体以及多种主体间的关系，本文从中小企业为借款人的角度，根据供应链融资依据的不同将供应链金融分为应收账款类、预付账款类、存货类供应链金融。这三种融资模式在供应链中的分布如图4－2所示。

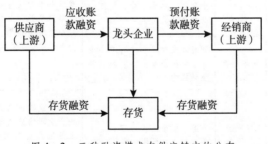

图4－2　三种融资模式在供应链中的分布

龙头企业和中小企业在这三种融资模式下发挥的作用不一样，直接影响它们在这些融资模式下的利益分配。因而针对不同融资模式下利益分配的主体以及它们之间的关系来研究利益分配机制十分必要。表 4-3 为上述三种融资模式的主体以及主体间的关系。

表 4-3　　　三种融资模式的主体以及主体间的关系

融资模式	细分	参与主体	主体间关系
预付账款类	推动式	龙头企业、有销售前景的中小企业经销商和金融机构	中小企业经销商需要资金向龙头企业采购原材料、货物等，龙头企业为稳定和吸引销售向金融机构提供中小企业的增信证明，金融机构根据订单和增信凭证贷款给中小企业
	拉动式	龙头企业、有优质订单的中小企业经销商和金融机构	
存货类	存货质押	拥有大量货物的中小企业、龙头企业、物流企业和金融机构拥有大量标准仓单的中小企业、龙头企业、物流企业和金融机构	中小企业以存货或标准仓单背书作为质押向金融机构申请贷款，龙头企业为中小企业提供增信，物流企业为中小企业提供监管
	仓单质押	拥有大量标准仓单的中小企业、龙头企业、物流企业和金融机构	
应收账款类	应收账款质押	上游中小企业供应商、龙头企业和金融机构	中小企业供应商凭借和龙头企业间的应收账背书向金融机构贷款用于生产，龙头企业为中小企业提供增信

存货质押融资模式的特点是，中小企业将存货作为质押物向银行等金融机构提出贷款申请，同时龙头企业提供担保，

第三方物流发挥监管作用。在这类融资模式中，中小融资企业主要依靠存货或标准仓单背书的质押取得贷款，而且收益增长主要来源于节省的存储费用和存货占用成本，龙头企业的增信仅仅是中小企业获得贷款且增加收益的次要因素。因此，若要在这种模式下研究龙头企业与中小企业的利益分配机制，则在定价上变化不大，变化主要在信用期和合作稳定性上。

预付账款融资模式的特点是，下游经销商以与龙头企业签订的既定仓单向银行贷款，银行控制提货权的融资业务，为中小企业解决了资金周转问题。利益分配的影响因素主要有定价、信用期、合作稳定性等。在预付账款类供应链融资中，龙头企业为中小企业提供增信的目的是稳定与经销商的合作和作为销售策略吸引更多经销商，所以主要影响利益分配因素中的合作稳定性，而对定价没有产生显著影响。

应收账款融资模式的特点是，银行以供应商和龙头企业间真实贸易合同产生的应收账款作为供应商的第一还款来源。龙头企业以自身雄厚的资金实力为供应商提供增信，若融资企业违约，龙头企业将承担反担保责任。在此融资模式下，由于龙头企业会为增信服务付出一定成本，龙头企业会选择有长期稳定友好合作的供应商进行增信，而且一般经过长期合作双方已经形成固定的信用期。因此，定价是互联网供应链金融中供应商和龙头企业之间利益分配最重要的因素。龙头企业付出一定成本为供应商贷款提供增信支持,将在利益分配上获得一定的优先商议能力,提出降低价格的合理要求,使得双方间的利益分配机制出现变化的趋势。

可见,应收账款类供应链金融的利益分配机制是三种融资模式中最适合来做定量分析的,在加入互联网后同样较适合做定量分析。因此,本章选用应收账款类融资模式,围绕其中的再定价问题,研究互联网供应链金融中上游供应商和龙头企业的利益分配机制。

第四节 线上供应链金融利益博弈模型构建与分析

在互联网供应链金融闭环中,一方面,平台为龙头企业提供了新的销售途径,使得其产品需求增加,龙头企业将收购更多供应商产品来扩大生产;另一方面,平台为供应商提供了多元化的融资渠道。供应商凭借在电商平台上的交易记录和龙头企业的增信通过平台融得了更多贷款投入生产,增加了收益。因此,龙头企业和供应商之间的利益分配在互联网供应链金融中会发生改变。由于定价是利益分配的核心,且经过长期友好的合作,其余主要因素包括信用期在内都较为稳定,本节从定价的角度来研究其利益分配。互联网供应链金融的主要结构如图 4 - 3 所示。

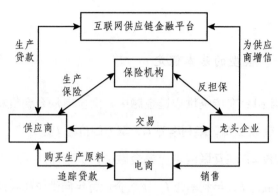

图 4 - 3 互联网供应链金融结构

龙头企业将以收购更多供应商的产品和为供应商提供贷款增信为理由，向供应商提出降低定价的要求。本节将围绕供应商和龙头企业之间交货价格的再定价问题，构建鲁宾斯坦轮流讨价还价博弈模型，得出双方的最优定价决策和预期收益，并比较互联网加入供应链金融前后供应商和龙头企业的利益变化。

遵循公平、共赢的利益分配原则，本节选用轮流讨价还价模型，它的突出特点是基于信息不对称引入贴现因子 δ，贴现因子可以理解为讨价还价双方的"耐心"程度，即心理承受能力和经济承受能力，承受能力强的在利益分配中会更有利。由于贴现因子的作用，同样的份额，参与人在下期所得价值上会减少。因此，若对方报价在可接受范围，参与人会尽快接受。

一、模型的基本假定

假设1：在传统供应链金融中，供应商从金融机构获得的贷款金额为 L_0，年利率为 I_0，双方的价为 P_0。

假设2：在互联网供应链金融中，供应商从平台获得的贷款金额为 L，年利率为 I。龙头企业每年向供应商收购 Q 吨产品，双方通过轮流讨价还价最终达成新的定价 P（元/吨），且约定的信用期不变。

假设3：供应商的单位生产成本不变，在传统供应链金融中的年平均总投资收益率为 R，龙头企业为供应商支持贷款增信的年平均成本为 C（元），且上述为企业的私人信息。

假设4：供应商、龙头企业的贴现因子分别为 δ_1、δ_2，且有，$\delta_1 < 1$，$\delta_2 > 0$。

假设5：两种融资方式下，获得的贷款期限均为一年，付息方式为按月付息。

假设6：供应商与龙头企业在讨价还价博弈过程中都具有学习能力，虽然双方彼此不完全清楚对方的成本和收益率，但可根据以往的经验和信息进行估计。

假设7：不考虑互联网供应链平台为供应商和龙头企业提供了更多合作伙伴，即假设本模型中的供应商与龙头企业的合作稳定，且双方都为理性人。

假设8：在供应商与龙头企业的讨价还价博弈中，由龙头企业先开始报价，龙头企业在各阶段的报价为 $P_i(i=1, 3, 5\cdots\cdots)$，供应商在各阶段的报价为 $P_j(j=2, 4, 6\cdots\cdots)$ 为供应商与核心企业博弈时的报价。考虑到贴现因子的"尽快接受"原则且 n 阶段的讨价还价模型讨论起来比较为复杂，所以本节仅讨论参与双方两阶段的讨价还价博弈模型。博弈树如图 4 – 4 所示。

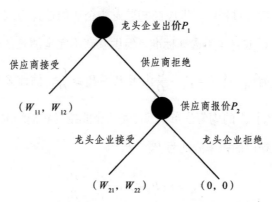

图 4 – 4　供应商和龙头企业的两阶段讨价还价博弈树

二、博弈模型求解

由于本节建立的供应商与龙头企业之间的两阶段讨价还价模型为完全信息动态博弈模型,适合用逆向归纳法来求解。先讨论博弈的第二阶段,第二阶段由供应商报价,龙头企业作出选择。若龙头企业拒绝供应商报价,博弈结束,双方收益为0。只要供应商的出价满足龙头企业收益大于0,龙头企业就会接受供应商的报价,博弈结束。即 $\delta_2(P_0 - P_2)Q - \delta_2 C \geq 0$,

$$P_2 \leq P_0 - \frac{C}{Q} \qquad (1)$$

在博弈过程中,供应商知道龙头企业的选择方式是以式(1)能否成立作为选择标准,但供应商不完全清楚核心企业的成本信息。令 $Z = P_0 - \frac{C}{Q}$ 由于 $P_0 - P_1 \geq \frac{C}{Q}$,估计 Z 服从在 $[P_1, P_0]$ 上的均匀分布。因此龙头企业接受和拒绝供应商第二阶段报价的概率分别为 P_{2a}、P_{2r} 为

$$P_{2a} = P(P_2 \leq Z) = \frac{P_0 - P_2}{P_0 - P_1} \qquad (2)$$

$$P_{2r} = P(P_2 > Z) = \frac{P_2 - P_1}{P_0 - P_1} \qquad (3)$$

供应商的总收益函数为

$$W_1 = P_{2a}\delta_1 \left[L(R-I) - (P_0 - P_2)Q \right] + P_{2r}\delta_1 \times 0 \qquad (4)$$

将式（2）、式（3）代入式（4）中，得到

$$W_1 = \frac{P_0 - P_2}{P_0 - P_1}\delta_1 \left[L(R-I) - (P_0 - P_2)Q \right] \qquad (5)$$

可以看到，式（5）是关于 P_2 的一元二次函数。对等式两边求 P_2 的导数，可求得第二阶段供应商的最优报价：

$$P_2 = P_0 - \frac{L(R-I)}{2Q}$$

若 $P_0 - \dfrac{L(R-I)}{2Q} \leqslant P_0 - \dfrac{C}{Q}$，即 $L(R-I) \geqslant 2C$ 时，则龙头企业会接受此报价。此时供应商收益 $W_{21} = \dfrac{1}{2}\delta_1 L(R-I)$，龙头企业的收益 $W_{22} = \dfrac{\delta_2 L(R-I)}{2} - C\delta_2$。

回到博弈的第一阶段。在第一阶段，当龙头企业报价为 P_1 时，供应商若接受报价，则收益为 $W_{11} = L(R-I) - (P_0 - P_1)Q$。

龙头企业知道供应商第二阶段的选择方式及收益，所以在第一阶段龙头企业的报价满足 $L(R-I) - (P_0 - P_1)Q \geqslant \dfrac{1}{2}\delta_1 L(R-I)$ 时，供应商会选择接受龙头企业第一阶段的报价 P_1，解得

$$P_1 \geqslant P_0 - \frac{L(R-I)\left(1-\dfrac{\delta_1}{2}\right)}{Q}$$

令 $Y = P_0 - \dfrac{L(R-I)\left(1-\dfrac{\delta_1}{2}\right)}{Q}$，可以看到 Y 的大小主要

和 R 有关。由于龙头企业不完全清楚供应商的总投资收益

率，会根据以往的经验和信息估计 Y 服从 $[m, P_0]$ 上的

均匀分布（m 为龙头企业估计的供应商的单位成本，$m >$

0）。则供应商接受和拒绝龙头企业报价的概率 P_{1a}、P_{1r} 分

别为

$$P_{1a} = P(P_1 \geqslant Y) = \frac{P_1 - m}{P_0 - m} \qquad (6)$$

$$P_{1r} = P(P_1 < Y) = \frac{P_0 - P_1}{P_0 - m}$$

所以，供应商在第一阶段拒绝龙头企业报价，第二阶段

龙头企业接受供应商报价的概率 P_{1r2a} 为

$$P_{1r2a} = P_{1r}P_{2a} = \frac{P_0 - P_1}{P_0 - m} \times \frac{P_0 - P_2}{P_0 - P_1} = \frac{P_0 - P_2}{P_0 - m} \qquad (7)$$

则整个讨价还价博弈中龙头企业的总收益函数

$$W_2 = P_{1a}W_{12} + P_{1r2a}W_{22} = P_{1a}\big[(P_0 - P_1)Q - C\big]$$

$$+ P_{1r2a}\delta_2\left(\frac{L(R-I)}{2} - C\right) \qquad (8)$$

将式（6）、式（7）代入式（8）中，得

$$W_2 = \frac{P_1 - m}{P_0 - m}[(P_0 - P_1)Q - C] + \delta_2 \frac{P_0 - P_2}{P_0 - m}\left(\frac{L(R-I)}{2} - C\right)$$

$$(9)$$

可以看到，式（9）是关于 P_1 的一元二次函数。等式两边对 P_1 的求导，可求得当 W_{12} 取最大时，P_1 的取值：

$$P_1 = \frac{(P_0 + m)Q - C}{2Q}$$

上式即为第一阶段龙头企业的最优报价。若

$$\frac{(P_0 + m)Q - C}{2Q} \geqslant P_0 - \frac{L(R-I)\left(1 - \frac{\delta_1}{2}\right)}{Q}。$$

供应商接受龙头企业的报价，龙头企业的收益 $W_{12} = \frac{Q(P_0 - m) - C}{2}$。

供应商的收益 $W_{11} = L(R-I) - \frac{[(m - P_0)Q - C]}{2}$。

三、博弈方的定价策略及预期利益

综上所述，供应商和龙头企业的两阶段讨价还价博弈均衡求解如下：

①第一阶段，龙头企业的报价 $P_1 = \dfrac{(P_0 + m)Q - C}{2Q}$。

②若满足 $P_1 \geq P_0 - \dfrac{L(R - I)\left(1 - \dfrac{\delta_1}{2}\right)}{Q}$，供应商接受龙头企业的报价，博弈结束。龙头企业的收益 $W_{12} = \dfrac{Q(P_0 - m) - C}{2}$，供应商的收益 $W_{11} = L(R - I) - \dfrac{[(m - P_0)Q - C]}{2}$。若不满足条件，则进入第二阶段博弈。

③第二阶段，供应商的报价 $P_2 = P_0 - \dfrac{L(R - I)}{2Q}$。

④若满足 $P_2 \leq P_0 - \dfrac{C}{Q}$，龙头企业接受供应商报价，此时供应商的收益 $W_{21} = \dfrac{1}{2}\delta_1 L(R - I)$，龙头企业的收益 $W_{22} = \dfrac{\delta_2 L(R - I)}{2} - C\delta_2$。若不满足条件，则龙头企业拒绝供应商报价，双方收益为 0。

将上述博弈方的定价策略和预期收益汇成表格，如表 4-4 所示。

表 4 – 4　　两阶段博弈中双方的定价策略和预期收益

博弈阶段	指标	参数
第一阶段	龙头企业报价	$P_1 = \dfrac{(P_0 + m) Q - C}{2Q}$
	均衡条件 （否则进入第二阶段）	$P_1 \geq P_0 - \dfrac{L(R - I)\left(1 - \dfrac{\delta_1}{2}\right)}{Q}$
	龙头企业的收益	$W_{12} = \dfrac{Q(P_0 - m) - C}{2}$
	供应商的收益	$W_{11} = L(R - I) - \dfrac{[(m - P_0) Q - C]}{2}$
第二阶段	供应商报价	$P_2 = P_0 - \dfrac{L(R - I)}{2Q}$
	均衡条件 （否则合作终止）	$P_2 \leq P_0 - \dfrac{C}{Q}$
	龙头企业的收益	$W_{22} = \dfrac{\delta_2 L(R - I)}{2} - C\delta_2$
	供应商的收益	$W_{21} = \dfrac{1}{2} \delta_1 L(R - I)$

四、互联网加入供应链金融后对利益分配机制的影响

在传统供应链金融中，供应商的收益为 $W_s = L_0(R - I_0 T)$。假设互联网供应链金融完全替代传统供应链金融，此

收益与供应商在互联网供应链金融中的收益对比，得

（一）供应商接受龙头企业的第一轮报价

$$W_{11} - W_s = L(R - I) - \frac{[(m - P_0)Q - C]}{2} - L_0(R - I_0)$$

因为 $L > L_0$，$I < I_0$，所以 $L(R - I) > L_0(R - I_0)$，即 $L(R - I) - L_0(R - I_0) > 0$

又因为 $m < P_0$，所以 $\frac{[(m - P_0)Q - C]}{2} < 0$

可得 $W_{11} - W_s > 0$。

即互联网加入供应链金融后，理论上可推导出供应商的收益增加。同时通过轮流讨价还价，龙头企业在互联网供应链中一定是获益的。因此，若供应商接受龙头企业的第一轮报价，则能够在理论上推导得出互联网加入供应链金融使得供应链系统中龙头企业和上游供应商组成的系统收益增加。

（二）供应商拒绝龙头企业的第一轮报价，龙头企业接受供应商的第二轮报价

$$W_{21} - W_s = \frac{1}{2}\delta_1 L(R - I) - L_0(R - I_0)$$

此时，无法从公式上推导出结果，需要在实践中来进一步研究佐证。

第五节　蚂蚁金服农业供应链金融的利益协调案例

一、蚂蚁金服农业供应链金融概况

我国农村金融服务有供给严重不足、运营成本高、信息不对称、信用信息缺失、收入难确定等问题。首要原因是农村可抵押资产很少，银行业涉农贷款比例为 28%，从银行获得贷款余额占比低。其次，居民信用档案建立量城镇农村比为 4∶1，农户信用数据缺失，得不到信用贷款支持。分配不均也是原因之一，城镇每万人拥有银行类金融服务人员的数量是农村的 329 倍。此外，我国"三农"金融缺口高达 3.05 亿元《2016 年"三农"互联网金融发展报告》。中央"一号文件"已经指出"促进新型农业经营主体、加工流通企业与电商企业全面对接融合"的农业金融新的发展方向。

蚂蚁金服集团自成立以来，专注为小微企业和大众消费者提供普惠金融产品和服务。农村地区、农业产业、农民群体（以下简称"三农用户"）是蚂蚁金服的重要服务对象之一。蚂蚁金服于 2016 年 1 月开始发展农村金融，推出了全面惠及"三农"的诸多金融服务，包括信贷、保险、支付、征信等方面。蚂蚁金服利用大数据逐步建立农村信用体系，消除农村金融的信用缺失，并农户提供与城市客户无差别的金融服务。截至 2017 年 2 月底，蚂蚁金服在支付、信贷方面服务的"三农"用户数分别达到 1.67 亿、3 824 万。尤其是农村金融领域，服务了 166.9 万家小微企业和农户。其中，旺农贷已经覆盖全国所有省市区的 231 个市、557 个县，户均贷款 1.56 万元，贷款余额用户数 3.5 万人，余额达 5.46 亿元。图 4－5 为蚂蚁金服农村金融三大业务模式。

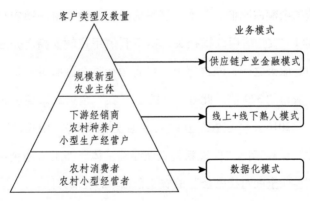

图 4－5　蚂蚁金服农村金融三大业务模式

资料来源：蚂蚁金服农村金融事业部。

蚂蚁金服农村金融三大业务模式包括"供应链产业金融模式""线上＋线下熟人模式"和"数据化模式"，其中处于金字塔顶端的正是农业供应链金融。2016 年 6 月，蚂蚁金服宣布农村金融从借助互联网引导城市富余资本投资农村的 2.0 阶段升级到了供应链金融 3.0 阶段。2016 年 12 月，蚂蚁金服发布全方位农村金融战略，并提出"谷雨计划"：2020 年前，蚂蚁金服将与 100 家龙头企业展开合作，为农产品供应商提供金融服务，发动合作伙伴一起为全国 1 000 个县提供包括信贷、支付、保险等综合金融服务，并在此基础上联合社会力量为"三农"事业发放 10 000 亿元贷款。

蚂蚁农业供应链金融提供的金融产品主要包括旺农贷、旺农保和旺农付。旺农贷致力于为农业产业提供高效率、低成本的普惠信贷和借款服务，用户数已达 4 205 个客户。旺农保则为现代化农业生产经营提供所需的各类型保险来解决农户的顾虑，用户数已达 1.4 亿涉农投保客户。旺农付以移动支付为核心，整合缴费、政务等服务，建设智慧农村，目前用户数已达 1.63 亿支付服务涉农用户。和其他互联网供应链金融不同，蚂蚁金服独具创新地推出了贷款的定向支付管理。资金依然是从蚂蚁金服流向农户的支付宝账户，但这笔资金无法取出，只能用于在农村淘宝平台上购买农资。也就是说实则并非传统"借钱"，而是"借物"，保证了贷款基于真实的交易，并有效控制了放贷风险。此外，蚂蚁金服提供的贷款利率低于普通信贷的利率，且放贷效率很高，提交采购订单后贷款可在当日到达账户。另外，农资的线上采购以及送货上门等服务大大提升了农户的消费体验，农户无须再担心生产以外的事情，能没有顾虑地投入到生产中，提高了农户的生产效率。另外，农村淘宝为农业龙头企业提供了销售的渠道，增加了龙头企业的收益。

本节将对蚂蚁金服农业供应链金融业务中进行合作的饲料行业的龙头企业正邦集团及其上游玉米供应商间的利益分配进行案例分析。

二、正邦饲料与上游玉米供应商的利益分配案例

正邦集团成立于 1996 年，是农业产业化国家重点龙头企业，旗下正邦科技于 2007 年在深交所上市，涉足饲料、农牧、种植、金融、动物保健、乳品、畜禽加工、农化等产业。目前有员工 3 万多人，旗下有 300 多家公司，遍布 20 多个省市、自治区。正邦科技 2017 年营收 206.15 亿元，净利润 5.26 亿元。在饲料产业，正邦集团规模居全国前五位，是饲料产业的龙头企业，2018 年的销售目标是 1 000 万吨。2017 年与蚂蚁金达成供应链金融意向后，正邦饲料根据合作情况从 2 000 多家上游供应商中挑选了其中 500 家介绍给蚂蚁金服，并为这些供应商提供贷款增信服务。本文调研案例中，供应链金融的具体运行机制如图 4-6 所示。

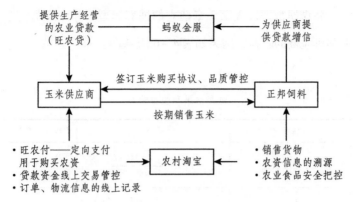

图 4-6　蚂蚁金服农业供应链金融运行机制

正邦饲料与需要借款的上游玉米种植户签订收购合同，保证种植户种植的玉米全部收购，在一定程度上保证了种植户的还款来源。经过龙头企业增信后，蚂蚁金服向养殖户提供贷款，贷款用于在农村淘宝上购买种子、肥料、农具等农资。同时，正邦饲料通过农村淘宝进行销售，有效增加了正邦饲料的销售量。根据问卷调研（见附录）和访问调研的结果，与蚂蚁金服合作后正邦饲料与上游玉米供应商的相关信息如表 4-5 所示。

表 4-5　　　正邦饲料与上游玉米供应商的相关信息

P_0（元）	L（万元）	I	Q（吨）	R	C（元）	δ_1	δ_2
1 880	50	6%	5 000	35%	5 000	0.7	0.9

将调研数据代入第 3 章建立的博弈模型，并计算龙头企业与供应商的收益，结果如表 4-6 所示。

表 4-6　　　　　　　　　博弈结果和收益情况

指标	参数	结果（元）
龙头企业报价	$P_1 = \dfrac{(P_0 + m)Q - C}{2Q}$	1 635.8
均衡条件（否则进入第二阶段）	$P_1 \geqslant P_0 - \dfrac{L(R-I)\left(1 - \dfrac{\delta_1}{2}\right)}{Q}$	不成立
供应商报价	$P_2 = P_0 - \dfrac{L(R-I)}{2Q}$	1 865.5
均衡条件（否则合作终止）	$P_2 \leqslant P_0 - \dfrac{C}{Q}$	成立
龙头企业的收益	$W_{22} = \dfrac{\delta_2 L(R-I)}{2} - C\delta_2$	61 750
供应商的收益	$W_{21} = \dfrac{1}{2}\delta_1 L(R-I)$	50 750

模型所得结果为：供应商与龙头企业经过两轮讨价还价，最终确定玉米价格为 1 865.5 元/吨，比市场价格降低了 14.5 元/吨。在蚂蚁农业供应链金融中，玉米供应商的收益为 50 750 元，正邦饲料的收益为 61 750 元。这与调研所得实际情况相符。实际合作中，正邦饲料将玉米供应商介绍给蚂蚁

金服并为其提供增信，玉米供应商为此根据市场价格给出了每吨 10～20 元的让价。这说明本文所建立的再定价模型具有合理性和可行性，能为互联网供应链金融中合作的上游供应商和龙头企业之间的利益分配提供参考建议。

根据调研结果，在未参与蚂蚁金服合作时，龙头企业与玉米供应商的收货价格为市场价格，且玉米供应商从银行获得贷款。表 4 - 7 为双方未与蚂蚁金服合作时的相关信息。

表 4 - 7　　　　　未与蚂蚁金服合作时的相关信息

P_0（元）	L_0（万元）	I_0	Q_0（吨）	R
1 880	10	8%	4 000	35%

可以看到，在未与蚂蚁金服合作时，正邦饲料和玉米供应商约定的价格为市场价格 P_0，收购量为 4 000 吨，相比与蚂蚁金服的合作，减少了 1 000 吨。在贷款方面，在未与蚂蚁金服合作时，玉米供应商从银行获得的贷款额为 10 万元，算上融资过程的成本后年利率为 8%。计算可得，在未与蚂蚁金服合作时，供应商凭借银行贷款获得的收益为 $W_s = L_0(R - I_0) = 27\,000$（元）。

比较与蚂蚁金服合作前后正邦饲料与玉米供应商的利益

分配结果，可得，玉米供应商收益增加 50 750 − 27 000 = 23 750（元），龙头企业收益增加 61 750 元，两者组成的供应链上游系统增加利益 23 750 + 61 750 = 855 000（元）。从实践角度，再一次说明互联网加入供应链金融使系统和参与主体的利益增加。

第六节　总　　结

一、主要结论

近几年，国内外互联网供应链金融取得了较快发展，为中小企业有效解决了融资难、融资成本高的问题。在龙头企业的推荐和增信下，上游供应商通过互联网供应链融资平台获得低利率、高效率的贷款，极大增加了上游供应商的收益。同时，龙头企业因对供应商提供增信对而供应商提出降价的利益要求。这体现了供应链利益分配的动态协调，通过轮流讨价还价调整定价实现了利益分配的再平衡，使得互联网供应链融资稳定、健康、有序发展。双赢是利益分配的基本原则，如果龙头企业过度挤占供应商的利益，会导致供应商降低产品质量损害龙头企业利益，使得整个供应链系统的效率降低。因此，供应商与龙头企业之间需要建立公平、合理的利益协调机制使利益达到动态平衡。供应商和龙头企业之间，经过长期稳定友好的合作，一般已经形成稳定的信用期，因此定价是影响利益分配的直接因素，实践中双方往往会围绕价格进行商议。基于此，本章模拟互联网供应链金融的运行模式，运用轮流讨价还价博弈思想，构建了互联网供应链金融中龙头企业与供应商之间的再定价模型，推导得出了双方在利益分配达到均衡时的最优定价策略和预期收益，并将收益与传统供应链金融进行比较。最后，本章以蚂蚁金服农业供应链金融为例，分析了玉米供应商与龙头企业正邦饲料之间的最优定价策略和收益情况，既对前文建立的模型结论进行了检验，又结合实践说明了互联网加入供应链前后对利益分配的影响。本章得到的主要结论有：

（1）互联网供应链金融为中小企业更有效地解决了融资难、融资成本高等问题。

（2）互联网加入供应链金融后，龙头企业与上游供应商之间的利益分配有改变的趋势，双方定价将会有所下降。经过轮流讨价还价，均衡定价和预期收益如表 4 - 8 所示。

表 4 - 8   轮流讨价还价得到的均衡定价和预期收益

博弈阶段	指标	参数
第一阶段	均衡条件 （否则进入第二阶段）	$P_1 = \dfrac{(P_0 + m)Q - C}{2Q} \geqslant P_0 - \dfrac{L(R-I)\left(1 - \dfrac{\delta_1}{2}\right)}{Q}$
	龙头企业的收益	$W_{12} = \dfrac{Q(P_0 - m) - C}{2}$
	供应商的收益	$W_{11} = L(R-I) - \dfrac{[(m - P_0)Q - C]}{2}$
第二阶段	均衡条件 （否则合作终止）	$P_2 = P_0 - \dfrac{L(R-I)}{2Q} \leqslant P_0 - \dfrac{C}{Q}$
	龙头企业的收益	$W_{22} = \dfrac{\delta_2 L(R-I)}{2} - C\delta_2$
	供应商的收益	$W_{21} = \dfrac{1}{2}\delta_1 L(R-I)$

（3）若供应商接受龙头企业的第一轮报价，则理论上可推出互联网加入供应链金融后供应商和龙头企业的收益增加。

（4）从实践角度说明互联网加入供应链金融使供应商和龙头企业之间的利益分配出现动态协调，最终使系统和各方的利益增加。

二、政策建议

蚂蚁金服农业供应链金融中正邦饲料与玉米供应商的案

例验证了本章建立的轮流讨价还价再定价模型具有合理性和可行性，能为互联网供应链金融中合作的上游供应商和龙头企业之间的利益分配提供参考建议。我国在互联网供应链金融领域还处于发展初期，还有许多规章制度方面需要进一步完善，特别是整个系统的利益分配机制。一方面，龙头企业若凭借其在供应链中的核心优势挤占供应商的利益，中小企业的利益就会严重受损，互联网供应链金融帮助中小企业解决融资问题的根本目的就无法达成。国家、社会对互联网供应链金融的资金支持和对中小企业的投资也将被龙头企业吞噬，资金最终流向龙头企业。另一方面，若龙头企业和中小企业在互联网供应链金融中增加的收益过多会导致系统风险的增加。过高的收益使龙头企业对供应商盲目增信，一些资质较差的企业加入到互联网供应链金融中，最终将会导致整个系统的崩溃瓦解。因此，需要政府部门介入互联网供应链金融的利益分配机制，规范行业标准，指导并监督参与主体间的利益分配机制。本章的研究能为政府在制定互联网供应链金融利益分配机制相关制度时提供依据。

根据本研究为政府鼓励互联网供应链金融发展提供政策建议。

（1）制定互联网供应链金融利益分配机制相关规章制度，规范参与主体间的利益分配机制，并加强指导和监督。

（2）加大对互联网供应链金融发展的财政支持，规范开展此项业务的各金融机构和电商平台的运作，加强其风险抵御能力。

本章参考文献

［1］袁昌劲．互联网供应链金融的识别及概念构建［J］．北方经贸，2014（3）：135 + 142．

［2］宋华，陈思洁．供应链金融的演进与互联网供应链金融：一个理论框架［J］．中国人民大学学报，2016，30（5）：95 - 104．

［3］康辰纲．互联网视角下供应链金融发展策略研究［J］．现代业，2017（16）：141 - 143．

［4］李博．蚂蚁金服开启农村金融战略［N］．中华合作时报，2016 - 12 - 23（B01）．

［5］Cronin M. J. Banking and Finance on the Internet［M］// Banking and finance on the Internet. John Wiley & Sons，1998：51 - 66．

［6］Freedman. The Legal issues of Person-to - Person Lending［J］. UCDavisLaw，2008，2（13）：78 - 80．

［7］Basu P．，Nair S. K. Supply Chain Finance enabled early pay：unlocking trapped value in B2B logistics［J］. International Journal of Logistics Systems & Management，2012，12（3）：334 – 353.

［8］史金召，郭菊娥. 互联网视角下的供应链金融模式发展与国内实践研究［J］. 西安交通大学学报（社会科学版），2015，35（4）：10 – 16.

［9］李小金，胡雯莉，刘捷萍. 基于 B2B 平台的线上供应链金融参与主体委托代理关系研究［J］. 牡丹江大学学报，2017，26（6）：6 – 8.

［10］康辰纲. 互联网视角下供应链金融发展策略研究［J］. 现代业，2017（16）：141 – 143.

［11］Morasch K. Strategic alliances as Stackelberg cartels-concept and equilibrium alliance structure［J］. International Journal of Industrial Organization，2000，18（2）：257 – 282.

［12］Giannoccaro I. ，Pontrandolfo P. Supply chain coordination by revenue sharing contracts［J］. International Journal of Production Economics，2004，89（2）：131 – 139.

［13］Yan R. Profit sharing and firm performance in the manufacturer-retailer dual-channel supply chain［J］. Electronic Commerce Research，2008，8（3）：155.

［14］Hu K. ，Gao K. ，Gan X. Q. The Pricing and Profit Distribution in Downstream of Pig Supply Chain with the Revenue

Sharing Contract [J]. 2012.

[15] 叶飞. 基于合作对策的供应链协作利益分配方法研究 [J]. 计算机集成制造系统，2004（12）：1523 – 1529.

[16] 马士华，王鹏. 基于 Shapley 值法的供应链合作伙伴间收益分配机制 [J]. 工业工程与管理，2006（4）：43 – 45 + 49.

[17] 刘兴旺. 基于博弈论的供应链企业收益分配问题研究 [D]. 长沙理工大学，2007.

[18] 赵晓丽，乞建勋. 供应链不同合作模式下合作利益分配机制研究——以煤电企业供应链为例 [J]. 中国管理科学，2007（4）：70 – 76.

[19] 史金召，郭菊娥. 互联网视角下的供应链金融模式发展与国内实践研究 [J]. 西安交通大学学报（社会科学版），2015，35（4）：10 – 16.

第五章

供应链融资缓解中小企业融资约束分析

第一节　中小企业供应链融资现状分析

一、融资规模

在我国中小企业供应链融资中，一般都由银行或委托的第三方进行企业的授信、担保品和抵押物的评估，因此我国主要为银行主导的供应链融资模式。深圳发展银行作为我国第一家开展供应链融资的银行，发展速度也比较迅速：2003年最早提供供应链融资业务，2006年包装整合提出了供应链融资服务产品，2012年提出了"供应链融资2.0"服务。供应链融资在我国尚为起步阶段，在国内的应收账款、商业票据以及融资租赁市场近几年蓬勃发展的同时，带动了我国供应链融资的高速发展。如图 5 - 1 所示，我国中小企业应收账款净额已由 2006 年的不到 3 万亿元增加到了 2014 年的 10.52 万亿元，十年里增长了 3.55 倍，年均复合增速 15%。作为供应链融资重要的融资模式，应收账款规模的不断增长为我国供应链融资的快速发展奠定了坚实的基础。

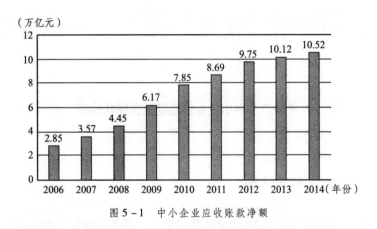

图 5 - 1　中小企业应收账款净额

资料来源：根据前瞻产业研究院、利基研究院调研整理而来。

在企业交易中，通常为了保障顺利交易，会以商业汇票的形式来完成交易。商业汇票作为现金的一种拓展，不但扩大了信用，而且起到了缓解资金压力的作用，卖方拥有商业汇票，既可以向买方索要汇票金额的资金，又可以以商业汇票为质押向银行申请贷款。商业汇票作为供应链融资重要的一部分，其自身的发展也和供应链融资发展无法分开。我国商业汇票签发量逐年稳步增加，在2014年已经突破20万亿元，2015年已经达到了262万亿元。此外，除去应收账款和商业汇票之外，融资租赁也是供应链融资的重要部分。近几年我国融资租赁也快速发展，2014年融资租赁合同余额已经超过了3万亿元。大型的租赁合同种类中金融租赁合同规模较大，2014年合同规模占比达到41%。融资租赁对企业发展和整条供应链融资发展都起着重要的作用。在应收账款、商业汇票以及融资租赁快速发展的带动下，我国供应链融资展现出了迅速发展的态势。前瞻产业研究院的行业报告数据显示，到2020年，我国供应链融资的市场规模可达14.98万亿元左右（见图5-2）。

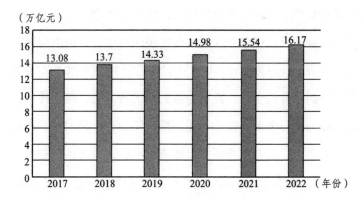

图5-2 中小企业供应链融资市场规模预测

资料来源：根据前瞻产业研究院、利基研究院调研整理而来。

二、融资结构

(一)行业构成

中小企业供应链融资行业的参与主体囊括了金融机构、行业龙头(核心企业)、中小企业、供应链公司、金融服务类公司、科技公司、外贸公司各类企业(见图 5 - 3)。根据调研结果发现,供应链企业所占的份额最高,为 26%,供应链企业供应链融资业务逐步趋向于市场饱和的状态。而供应链公司主要为采购执行、销售行为等行为基础上,对接融资出资方进行信息传递;金融机构或金融服务类公司,主要是通过构架一个生态圈使得信息迅速沉淀,包括资金供应方、担保机构、保险公司、仓储公司、物流公司等,且通过融资平台进行交易、服务、物流、风控,使得资产方客户有相对便宜的资金,可以更全方位更精准地控制风险。其中供应链公司、外贸综合服务平台、B2B 平台类数量约占 45%。在金融科技日新月异的今天,数据金融公司大行其道,自由技术及研发能力使得金融科技公司能够搭建平台,连接前端多个融资需求平台,后方连接多层级地资金平台,成为供应链融资市场主体的后起之秀,比较典型的代表企业包括京东金融、蚂蚁金服等。此外,行业龙头企业、物流公司、银行及非银金融机构也是供应链融资领域的重要参与者。

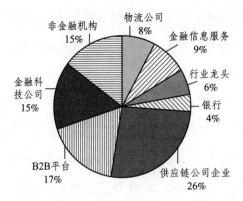

图 5 - 3　中小企业供应链融资服务公司类型分布

资料来源：根据前瞻产业研究院、利基研究院调研整理而来。

（二）人员构成

《2017 中国中小企业供应链融资调研报告》中的数据显示，其中 82% 的业内受访企业认为中小企业供应链融资行业整体在未来将会持续向好，仅 7% 左右的受访企业认为整体行业可能会有下降的趋势，11% 左右的受访企业认为对整体行业无明显的判断（见图 5 - 4）。这个结果表明行业内的大部分比例的从业人员对行业发展保持乐观的态度，仅少数比例人员认为行业前景不太乐观，这部分人员主要来自于外资的综合服务平台。

按照供应链融资机构的人员规模来分类，人员规模不到 100 人的供应链融资服务商超过 50%，属于小微企业，或者是初创企业；员工人数在 100～500 人的中型供应链融资企业所占比例为 30%；而员工人数在 500 人及以上的大型供应链融资企业比例不足 20%。按照人员扩张的趋势来看，近 90% 的供应链融资人员表示未来 3 ~ 6 个月之内有人员扩张的计划，这也表明企业对供应链融资行业未来前景大比例看好，且未来的行业竞争也会更加剧烈。行业内的客户资源和风险控制将成为各大供应链融资行业角逐的核心。按照企业的需求角度来看，截至 2016 年 31 日，中国非金融企业应收账款的余额规模达到 16 万亿元，工业企业应收账款规模已超过 10 万亿元，作为供应链融资主要服务对象的中小工业企业，总体应收账款已超过 6 万亿元。作为供应链融资主要部分的应收账款规模不断增大，也为供应链融资整体行业的快速发展打下了基础。

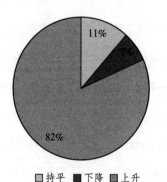

图 5 - 4 中小企业供应链融资行业发展趋势展望

资料来源：根据前瞻产业研究院、利基研究院调研整理而来。

三、行业特点

中小企业供应链融资的发展模式随着各参与主体的竞争于探索不断演变，其垂直化发展趋势也日益明显，使得企业与各产业融合的深度和广度都有了进一步的提升。我国中小企业供应链融资主要服务对象集中在应收账款累计较高的行业，包括电力设备、化工、煤炭、有色金属业、医药、计算机通信、汽车、钢铁等。单从调研数据分析，超过 9 成的企业有计划或正在实施供应链融资模式，供应链融资将成为企业保持效率和活力的重要保证，将在更多的垂直领域中得到应用。按照调研数据，涉足供应链融资服务的公司中，数量最多的为物流企业，其次是如钢铁、有色产品和农产品等大宗商品，排在第三的为零售业，第四、第五分别为骑车和电子电器，均为供应链融资的传统领域。从市场发展上来看，部分垂直领域的行业还有较大的潜力和潜在的机会未被发掘，主要包括：物流行业、农业、零售业、化工行业、餐饮业等。

（一）物流行业

我国物流总费用已经从 2015 年的 7.11 万亿元增长到 2016 年的 10.8 万亿元，一年增速为 8.8%，高增速的物流产业表明有许多的发展空间还未被开发。2016 年度的公路运输规模将近 5 万亿元，涵盖超过 70 万家企业的不同形式和模式的物流服务。专线的物流服务市场也不低于万亿元，而整体物流市场中排名前 10 的专线物流企业还不足市场份额的 1%，绝大部分市场份额在大量的中小企业业务范畴内。通常情况，物流企业在承运货主的货物时需要向货主支付一定比例的保证金，此外在运送货物后的结算中，即使是行业内信用好的货主，在运货完成后到最终支付也存在 60～90 天的延迟，对于承运的个体或者车队而言，一般都会先预付一部分车费，当运送货物完成时，最终结清所剩的费用。大量的运输成本费用和长时间的应收账款资金缺口导致物流企业经常性面临着资金紧张的状况，而这些 60～90 天质量高数额大的应收账款如果作为供应链融资的基础，将是一笔巨大的融资收入。

（二）农业

农业新型的上市方向逐步以供应链融资为方向标，众多的农业产业，尤其是畜禽养殖产业链，尽管处于产业链的强势地位，但往往等资金回笼需要很长的时间，较大的资金缺口使得畜禽养殖产业企业面临资金压力大、资金链难以运转的状况。现在也有越来越多的农业产业链尝试使用供应链融资进行资金融通，龙头企业通过供应链融资满足了下游养殖业企业的融资需求，又进一步促进了自身的资产发展。

（三）零售业

专业市场在现阶段的零售行业中非常受益，主要原因是其掌握着大量的商户资源。一方面是由于互联网的蓬勃发展对线下实体零售业造成了巨大的冲击使得实体零售业发展疲软，商户的资金融通和资金需求压力日益增大，对于商户而言只有其中少部分规模大资产高的企业才有可能申请到银行的商业贷款，而大部分的小微企业只能通过民间借贷、小贷公司融通资金，供应链融资刚好能解决这方面供需不平衡的问题；另一方面，供应链融资天然的信息流和资金流双向透明的特点，进一步控制了商户的风险，专业市场能够及时掌握商户的交易信息，结合商品租金和承租权费的抵押，使得风险因素进一步下降。因此，专业市场更为适合发展供应链融资。

（四）化工行业

化工产业中利用供应链融资相对有优势的行业为塑料行业，其拥有庞大的市场空间，数量高达 1.6 万 ~ 1.8 万亿级，且产品具有运输简单、存储便利的天然属性，市场交易量大且下游多位分散的中小企业。中小企业自身利润少、融资需求大，使得塑料行业尤其是龙头企业可以充当供应链融资的核心企业，以组成供应链整体进行融资。

（五）餐饮行业

我国的餐饮市场规模客观，目前国内有 250 万家餐饮企业、420 万家餐饮门店、1 100 万家食品分销商，整个餐饮行业有 3 万亿元营收，其中 1 万亿元用于食材采购。餐饮业的供应链融资优势相对而言没有其他行业突出，因为餐饮行业的供应链融资涉及到多个供应链，可能会存在环节多、波动大、效率低的问题。目前也是刚刚起步的阶段，但餐饮行业中无论是连锁餐饮还是个体餐饮都存在资金紧张的情况，传统的银行信贷贷款无法满足现行的庞大资金需求，部分的供应链融资平台已经着手布局，并开始利用供应链融资服务来吸引和满足餐饮类的融资需求。

第二节　供应链融资对中小企业融资流动性约束缓解的理论分析

一、假设建立

根据第三章分析可知，供应链融资共包括三种模式，为便于理解，这里以供应链融资产品中的应收账款为例，进行理论分析。我们假设在一个充分竞争的自由市场中，包含三类参与主体：（1）供应链上游的中小企业，他们需要融资获取资金后进行生产。（2）供应链融资下游的核心企业，他们一般是产业的龙头企业，在供应链融资中作为生产成品的初次购买方，后将成品售卖给消费者，并且作为融资过程中的担保方为上游的中小企业供应链融资提供担保。（3）中小企

业融资的出资方，分为以抵押贷款形式提供信贷的金融机构
A（如传统信贷业务的银行）和以供应链融资形式提供信贷
的金融机构 B（如蚂蚁金服等金融机构），各主体关系如图
5－5 所示。

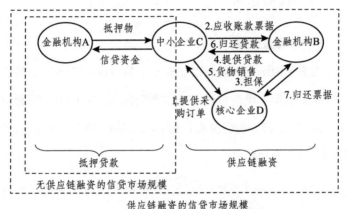

图 5－5　中小企业融资各主体关系

从图 5－5 中可以看出，基于供应链融资时，金融机构可
以通过核心企业或者平台等获取更多的关于中小企业的相关
信息，而传统的抵押信贷则不可以解决信贷双方的信息不对
称问题。因此，我们认为供应链融资比例越高，双方之间的
信息越透明，对信贷市场流动性的影响越大，对融资价格即
融资效率影响越大。因此本节做出两个假设如下。

假设一：供应链融资比例越高，信贷市场流动性越高。

假设二：供应链融资比例越高，融资效率越高。

本节将借助与哈耶克（Hayek，1945）提出的 REE 模型与 Bing Han、Ya Tang 和 Liyan Yang（2016）提出的风险资产模型进行理论论证。

二、模型建立

（一）背景假设

为方便说明，根据假设建立一个具有自由流动性交易的信贷市场模型。供应链融资的三个阶段如下：t = 0，即融资决策前期；t = 1，融资过程；和 t = 2 即融资到期。在信贷过程中，分为两种情况。

（1）只有抵押贷款，即只有金融机构 A 为中小企业 C 提供融资，金融机构 B 不参与融资。如图 5 - 6 所示。

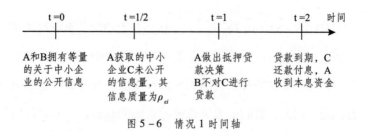

图 5 - 6 情况 1 时间轴

t = 0：融资决策之前，金融机构 A 和 B 拥有等量的关于中小企业的公开信息；

$t = 1/2$：A 获取的中小企业 C 未公开的信息量，其信息质量为 ρ_{s_i}；

$t = 1$：金融机构 A 和 B 作出融资决策，A 拥有 C 的私人信息 ρ_{s_i}，因此做出抵押贷款决策，为 C 提供融资；B 仅拥有少量的公共信息，不对 C 进行贷款；

$t = 2$：贷款到期，C 还款付息，A 收到本息资金。

（2）有抵押贷款和供应链融资，即有金融机构 A 为中小企业 C 提供传统融资，金融机构 B 为 C 提供供应链融资。如图 5 - 7 所示。

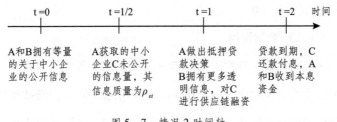

图 5 - 7　情况 2 时间轴

$t = 0$：融资决策之前，金融机构 A 和 B 拥有等量的关于中小企业的公开信息；

$t = 1/2$：A 获取的中小企业（C）未公开的信息量，其信息质量为 ρ_{s_i}；

$t = 1$：金融机构 A 和 B 作出融资决策，A 拥有 C 的私人

信息 ρ_{s_i}，因此作出抵押贷款决策，为 C 提供融资；随着供应链融资模式的推出，核心企业 D 的加入使 A 和 B 都拥有了更多的公开透明的信息，B 利用核心企业 D 提供的公共信息和担保，对 C 进行供应链融资；

t = 2：贷款到期，C 还款付息，A 和 B 均收到本息资金。

其中，供应链融资的成本（即利息）以内生价格 $\tilde{p}$ 表示。在最终阶段 t = 2 时中小企业还本付息，收到的资金量表示为 $\tilde{v}$。因为 $\tilde{v}$ 依据最终中小企业 C 还款能力和发展等情况产生不确定的现金流，我们假设 $\tilde{v}$ 是服从平均值为 0 和信息精确度为 ρ_v（方差的倒数）的正态分布，即 $\tilde{v} \sim N(0, 1/\rho_v)$，其中 $\rho_v > 0$。

（二）参数说明

信贷市场上有两类供给者 A 和 B。第一类供给者是具有恒定的绝对风险厌恶（CARA）且效用为 [0, 1] 连续提供融资的金融机构 A，其风险规避系数 $\gamma > 0$。金融机构 A 通过融资价格 $\tilde{p}$ 来推测其隐藏的信息。因为金融机构是连续提供融资的，他们的决策行为符合自由竞争市场，此外金融机构 A 在对 C 进行抵押融资时会对 C 进行全面的资产及偿债能力等进行考核，因此金融机构 A 可以获取公共和私人信息。具体来说，在融资之前，A 观察一个公共信号 $\tilde{y}$，它以下形式传达关于融资的基本回报价值 $\tilde{v}$ 的信息：

$$\tilde{y} = \tilde{v} + \tilde{\eta}, \text{ 其中, } \tilde{\eta} \sim N(0, 1/\rho_\eta), \rho_\eta > 0 \qquad (1)$$

$\tilde{y}$ 是中小企业的收益公告。精度 ρ_η 代表公共信号 $\tilde{y}$ 的质量, ρ_η 的值越高, 表示对融资回报 $\tilde{v}$ 的 $\tilde{y}$ 更有信息。除了公共信号 $\tilde{y}$, A 还得到一个私人信号, 其中包含有关的信息, 格式如下:

$$\tilde{S}_1 = \tilde{v} + \tilde{\varepsilon}_1, \text{ 其中, } \tilde{\varepsilon}_1 \sim N(0, 1/\rho_\varepsilon), \rho_\varepsilon > 0 \qquad (2)$$

在本章的模型中, 假设 A 拥有质量为 ρ_ε 的私人信息 $\tilde{s}_1$。

第二类交易者是金融机构 B。在本文的模型中, 金融机构 B 的 (数量) 融资规模 (方差) 完全是内生确定的。具体来说, 存在大量潜在的金融机构 B, 他们并不掌握私人信息, 他们可以是银行或其他第三方金融机构。相较于 A 而言, B 在融资之前只能观测到准确度 (质量) 为 ρ_η 公共信息 $\tilde{y}$, 而不能了解到私人信息 $\tilde{s}_1$。

B 在 t = 1 时依据公共信息精度 (质量) ρ_η 决定是否为中小企业提供融资。我们用 L 表示参与融资的金融机构的数量, 这个变量决定了信贷市场中流动性的规模。如果金融机构在 t = 1 时决定提供贷款, 那么 C 将得到 $\tilde{x}_1$ 份融资 (包括抵押贷款与供应链融资)。我们假设由两个组成部分组成:

(1) A 的融资部分 $\tilde{u} \sim N(0, 1)$

(2) B 的融资部分 $\tilde{c} N(0, 1)$ 也就是说:

$$\tilde{x}_1 = \tilde{u} + \tilde{c} \tag{3}$$

其中，$\tilde{u} \sim N(0, 1)$，$\tilde{c} \sim N(0, 1)$

我们将 $\tilde{u}$、$\tilde{c}$ 的方差统一标准化化为 1，但是这种标准化不会影响我们的结果。最后，我们假设随机变量（$\tilde{v}$，$\tilde{\eta}$，$\{\tilde{\varepsilon}_1\}_{i \in [0,1]}$，$\tilde{u}$，$\tilde{c}$）相互独立。因此，市场融资的总额是：

$$\tilde{X} = \int_0^L \tilde{x}_1 dl = L(\tilde{u} + \tilde{c}) \tag{4}$$

我们将信贷市场对中小企业总体贷款规模定义为 $Var(X)$，并使用 ρ_x 表示。即：

$$\rho_x = \frac{1}{Var(X)} = \frac{1}{2L^2} \tag{5}$$

因此，参数 L 内生地决定了金融市场中总体流动性交易的规模。

综上，模型中的主要参数见表 5-1。

表 5-1　　　　　　　　　主要参数的含义

参数	$\tilde{y}$	ρ_η	$\tilde{s}_1$	ρ_ε	$\tilde{v}$	$\tilde{x}_1$	$\tilde{X}$	L
含义	公共信息	公共信息准确程度	私人信息	私人信息准确程度	贷款回报	供应链融资和抵押贷款数量和	信贷市场流动性交易的总额	信贷市场为 C 提供贷款的机构数量

三、模型均衡

本节使用的均衡概念是理性预期平衡（REE），正如Grossman 和 Stiglitz（1980）所言，其包含了参与主体的最优决策和聚合变量的统计行为（$\tilde{p}$ 和 $\tilde{X}$）。具体来说，在 $t=1$ 期，有如下条件。

（1）金融机构 A 提供融资，且在私人信息 $\tilde{s}_1$、公共信息 $\tilde{y}$、融资市场价格 $\tilde{p}$ 的条件下最大化其期望效用。

（2）市场上的融资行为连续。

（3）金融机构 A 有理性的期望，即他们相信所有随机变量与真实的分布一致。而在 $t=0$ 期，B 进行决策是否对 C 提供融资，以最大化其除去交易损失的预期收益、根据均衡价格函数和其他金融机构的决定为参考。他们的参与决定影响了金融市场中的总体流动性 $\tilde{x}=L(\tilde{u}+\tilde{c})$。在随后的两部分中，我们首先解决了信贷市场均衡——以固定数量 L 参与融资的金融机构，然后我们通过解决金融机构的决策问题来推导平衡数量 L^*。

（一）信贷市场均衡

考虑线性 REE，其中 A 与 B 判断为以下价格函数：

$$\tilde{p}+\alpha_0\alpha_y\tilde{y}+\alpha_v\tilde{v}+\alpha_x\tilde{X} \tag{6}$$

其中，系数 α_x 与市场深度有关：较小的 α_x 意味着流动性交易总额 $\tilde{X}$ 具有较小的价格影响，从而市场较深。因此，我们可以通过以下式子衡量市场流动性

$$LIQ \frac{1}{\alpha_x} \tag{7}$$

现在得出 A 对于给定价格 $\tilde{p}$ 的供给函数，他有信息集 $\{\tilde{p}, \tilde{y}, \tilde{s}_1\}$。$A$ 对 C 提供信贷的供给函数是：

$$S(\tilde{p}, \tilde{y}, \tilde{s}_1) = \frac{E(\tilde{v} \mid \tilde{p}, \tilde{y}, \tilde{s}_1) - \tilde{p}}{\gamma Var(\tilde{v} \mid \tilde{P}, \tilde{y}, \tilde{S}_1)}$$

其中 $E(\tilde{v} \mid \tilde{y}, \tilde{s}_1)$ 和 $Var(\tilde{v} \mid \tilde{y}, \tilde{s}_1)$ 代表金融机构 B 对随机收益的平均值和方差的估计。给定公共信息 $\tilde{y}$，价格信息相当于以下信号：

$$\tilde{s}_p = \frac{\tilde{p} - \alpha_0 - \alpha_y \tilde{y}}{\alpha_v} = \tilde{v} + \frac{\alpha_x}{\alpha_v}\tilde{X} \tag{8}$$

其中 $\tilde{p}$ 服从平均值为 $\tilde{v}$ 和内生精确度为 ρ_p 的正态分布

$$\rho_p = (\alpha_v/\alpha_x)2\rho_x \tag{9}$$

使用式（1）、式（2）和式（8），我们应用贝叶斯规则和计算：

$$E(\tilde{v} \mid \tilde{p}, \tilde{y}, \tilde{s}_i) = \frac{\rho_\eta \tilde{y} + \rho_p + \tilde{s}_p + \rho_\varepsilon \tilde{s}_i}{\rho_v + \rho_\eta + \rho_p + \rho_\varepsilon}, \quad Var(\tilde{v} \mid \tilde{P},$$

$$\tilde{y}, \tilde{s}_i) = \frac{1}{\rho_v + \rho_\eta + \rho_p + \rho_\varepsilon}$$

将这些表达式代入供给函数 $S(\tilde{p} + \tilde{y} + \tilde{s}_1)$ 产生供给函数：

$$S(\tilde{p}, \tilde{y}, \tilde{s}_1) = \frac{\rho_\eta + \rho_p \tilde{s}_p + \rho_\varepsilon \tilde{s}_i - (\rho_v + \rho_\eta + \rho_p + \rho\varepsilon)\tilde{p}}{\gamma}$$

$$(10)$$

总体而言，A 和 B 分别提供了 $\int_0^1 S(\tilde{p}, \tilde{y}, \tilde{s}_i) \, di$ 和

$\tilde{X} = \int_0^L \tilde{x}_l dl$ 单位的融资。因此：

$$\int_0^1 S(\tilde{p}, \tilde{y}, \tilde{s}_i) \, di + \tilde{X} = 1 \qquad (11)$$

左侧是金融机构 A 和金融机构 B 的总供给，右边是融资的总需求。将供给函数式（10）和表达式（8）中 $\tilde{s}_p$ 代入式（11）求解。验证价格函数的推测形式，产生以下引理。

引理 1. 对于总噪声交易的给定数量 $2L^2$，存在具有价格函数的独特的，线性的，部分显露的 REE：

$\tilde{p} = \alpha_0 + \alpha_y \tilde{y} + \alpha_v \tilde{v} + \alpha_x \tilde{X}$，其中：

$$\alpha_0 = -\frac{\gamma}{\rho_v + \rho_\eta + \left(\frac{\rho_\varepsilon}{\gamma}\right)^2 + \rho X + \rho_\varepsilon},$$

$$\alpha_y = -\frac{\rho_\eta}{\rho_v + \rho_\eta + \left(\frac{\rho_\varepsilon}{\gamma}\right)^2 + \rho X + \rho_\varepsilon}$$

$$\alpha_v = -\frac{\left(\frac{\rho_\varepsilon}{\gamma}\right)^2 + \rho X + \rho_\varepsilon}{\rho_v + \rho_\eta + \left(\frac{\rho_\varepsilon}{\gamma}\right)^2 + \rho X + \rho_\varepsilon},$$

$$\alpha_x = -\frac{\gamma + \left(\frac{\rho_\varepsilon}{\gamma}\right) + \rho X}{\rho_v + \rho_\eta + \left(\frac{\rho_\varepsilon}{\gamma}\right)^2 + \rho X + \rho\varepsilon}$$

（二）融资决定

现在回到 t = 0 期，分析金融机构 B 是否参与 t = 1 期金融市场的决定。考虑 B 给定数量为 L，他按照给定的价格函数和其他金融机构的决定，将自己参与市场的效用与不参与进行比较。假设他没有参与市场的期望价值被标准化为 0，所以当且仅当他希望从资产交易中获得积极的效用时，即 B > 0，才选择参与市场。

对于价格函数（6）和参与金融机构 B 的给定数量 L，潜在金融机构 B 参与市场的预期效用是：

$$W(L, \rho_\eta) = B + E\left[\left(\tilde{v} - \tilde{p}\right)\tilde{x}_1\right] = B - \alpha_x(L, \rho_\eta) \times L$$

$$(12)$$

其中第二个等式遵循价格函数（6）和（3）中 $\tilde{X}$ 的定义，从而：

$$\alpha_x(L, \ \rho_\eta) = \frac{\gamma + \dfrac{\rho_\varepsilon}{\gamma L^2}\cdot\frac{1}{}}{\rho_v + \rho_\eta + \left(\dfrac{\rho_\varepsilon}{\gamma}\right)^2 \dfrac{1}{L^2} + \rho_\varepsilon} \qquad (13)$$

其中 α_x 为上述引理 1 中的表达。在信贷市场平衡中，参与金融机构 B 的均衡数量 L^* 由下式确定

$$W(L^*; \ \rho_\eta) = B - \alpha_x(L^*, \ \rho_\eta)L^* = 0 \qquad (14)$$

因此通过式（12）、式（13）、式（14）可以得到：

$$W(L^*; \ \rho_\eta) = B - \frac{\gamma + \dfrac{\rho_\varepsilon}{\gamma L^{*2}}\cdot\frac{1}{}}{\rho_v + \rho_\eta + \left(\dfrac{\rho_\varepsilon}{\gamma}\right)^2 \dfrac{1}{L^{*2}} + \rho_\varepsilon}L^* = 0 \qquad (15)$$

至此已经将 B 提供融资的效用 $w(L; \ \rho_\eta)$ 和信贷市场敏感系数 $\alpha_x(L; \ \rho_\eta)$ 明确地写成了金融机构数量 L 和公共信息精确度 ρ_η 的函数。变量 L 是内生的，将作为市场均衡的一部分来解决；参数 ρ_η 是外生的，它控制公共信息的精度。接下来，将对 ρ_η 进行论证，以得出供应链融资对信贷市场流动性及融资效率的影响。

四、模型均衡下供应链融资对信贷市场的影响

在本小节中，将通过对控制公共信号质量的参数 ρ_η 来研究供应链融资对信贷市场流动性和融资效率的影响。分析将

侧重于模型均衡的前提下，其中 $W(L; \rho_\eta)$ 在 L^* 处向下倾斜。

（一）对市场流动性的影响

（1）对均衡市场机构数量的影响

通过（13）可以看出 $\dfrac{\partial \alpha_x(L; \rho_\eta)}{\partial \rho_\eta} < 0$，因此通过（13）和（15）得到

$$\frac{\partial L^*}{\partial \rho_\eta} = \frac{\dfrac{\partial \alpha_x(L_i^* \rho_\eta)}{\partial \rho_\eta}}{\dfrac{\partial W(L_1^* \rho_\eta)}{\partial L}} > 0 \qquad (16)$$

由此可以看出，当 B 选择不对 C 进行融资贷款，市场供给仅仅只有 A 的抵押贷款，流动性不足。而当 C 选择供应链融资时，可以通过 D 发布更多更精准的公共信息，即提高 C 的公共信息精度 ρ_η，由（16）可知，当 ρ_η 提高，均衡的融资机构数量 L^* 将增多，即供给方和需求方的均衡数量增多，这使得市场更加具有流动性。

（2）对均衡市场流动性 LIQ 的影响

通过（13）和定义 $LIQ = LIQ \dfrac{1}{\alpha_x}$，可以得到：

$$\frac{\partial LIQ^*}{\partial \rho_\eta} = \frac{\partial}{\partial \rho_\eta x_x(L^*; \rho_\eta)} + \frac{\partial}{\partial L x_x(L^*; \rho_\eta)} \frac{\partial L^*}{\partial \rho_\eta} > 0 \quad (17)$$

由此可以看出，当 C 选择供应链融资时，可以通过 D 发

布更多更精准的公共信息，信息不对称问题减弱了，公共信息精度 ρ_η 得到提高。而通过（17）可以得出，市场流动性随着公共信息精度的提高而提高，因此可以得出，供应链融资比例增多时，会使得市场流动性增大。

（3）对融资效率的影响

①均衡市场公共信息精度对融资效率的影响

由引理 1、（6）和（15）可以得出：

$$\frac{\partial p(L^*; \ \rho_\eta)}{\partial \rho_\eta} < 0 \tag{18}$$

由此可以看出，当 C 选择供应链融资时，更多的公共信息被公布，信息精度 ρ_η 变大，由（18）可知，均衡价格 p 变小，使得信贷市场均衡的融资成本降低，提高了中小企业 C 的融资效率。

②均衡市场流动性对融资效率的影响

由（17）和（18）可以推出：

$$\frac{\partial p(L^*; \ \rho_\eta)}{\partial LIQ} < 0 \tag{19}$$

即信贷市场均衡价格和信贷市场流动性成反比，结合供应链融资对信贷市场流动性影响分析，供应链融资使得信贷市场流动性增大，由（19）可知，均衡市场的融资价格变小，降低融资成本，提高了 C 的融资效率。

五、总结

由本部分推导可以看出，供应链融资比例越高，中小企业通过核心企业发布的公共信息精度越好，更高的公共信息精确度使得参与融资的供需双方数量变多，使得信贷市场流动性增强，印证了假设 H_1；此外，公共信息精确度和流动性的提高会降低均衡的融资价格，即降低贷款利率，降低融资成本，使得中小企业融资效率提高，印证了 H_2。

第三节　供应链融资对中小企业融资流动性
约束缓解的实证分析

一、中小企业融资约束影响因素分析

从企业自身的角度来看，影响中小企业融资效率的因素有以下几种。

（一）供应链融资发展水平

按照融资所需的资产不同，供应链融资模式可以分为应收账款融资模式、存货模式以及预付账款融资模式。应收账款融资模式主要是企业将未到期的应收账款质押给银行或其他金融机构进行融资的模式，通过质押应收账款代替不动产

质押，可以解决部分因缺乏不动产难以融资的中小企业问题，可以提高融资效率；存货模式是企业将存货质押给银行或其他金融机构进行融资的模式，主要包括质押担保融资模式和信用担保融资模式，扩大担保抵押的范畴，增多担保抵押的种类，从而提高融资效率。预付账款融资模式是融资企业（买方）在供应商（卖方）承诺回购的背景下，将银行指定卖方的既定仓单提货权质押给银行，并向银行申请相应额度贷款的融资模式，这一模式主要运用于卖方回购的情况，通过预付账款融资模式融资，解决资金需求缺口问题，缓解资金周转压力，提高融资效率。这三类模式的发展水平提高，即代表供应链融资整体的发展水平提高，会直接使得融资效率提升。

（二）企业规模

中小企业通常来说规模都比较小，且多为一些通过低价买高价卖从中赚取差价利润的贸易公司为主，在前期购买和销售获得尾款之前的融资需求比较大。不同于大型上市企业，无论是企业制度的规范治理，还是按季度对外发布公告的信息透明，中小企业都无法与之持平，因此中小企业在融资的过程中经常会遇到因为企业规模小、信息披露程度低而被排除在融资对象之外，对于外部投资者而言，也会因为企业违约概率和代理成本高而放弃对中小企业进行融资。因此较小的企业规模使得外部融资成本高、审核长、概率小，很难使得企业顺利融通资金。反之而言，在达到规模效应之前，企业业规模越大，融资可能性越大，融资效率越高。

（三）盈利能力

公司的盈利能力是公司在竞争市场立足的核心，对于中小企业而言，一方面由于自身的规模较小、资源有限，很难充分利用自身的条件赚取更多的利润，盈利能力偏弱；另一方面，由于中小企业往往处于交易的中下游，与上游企业进行交易合作时，为了促成交易只能尽可能让利，谈判筹码的缺失进一步降低了中小企业的盈利能力。对于外部融资或供应链融资等融资而言，中小企业盈利能力越高，外部融资方所面临的违约风险越小，资金回本的安全性越高，因此越愿意提供贷款。因此，中小企业的盈利能力越高，其融资效率越高。

（四）资本支出

如果企业有较多的资本支出，有较多的固定资产等，可以将固定资产等作为抵押获取资金，提高自身的融资效率。但对于中小企业而言，固定资产的比例要远远小于流动资产和无形资产，为抵押品的土地、房屋和其他物资较少，在没有相应抵押品的情况下，很难满足现有担保和抵押贷款要求，并影响融资效率。

（五）资金成本

一般来说，资本成本涵盖融资中的资金利息或融资的费用，包括融资费用中的代理成本和寻租成本。融资效率与资金成本是成反比的，资金成本越大，表明企业的规模越小，融资能力有限，有一定的违约风险，外部融资者在融资过程中会考虑是否提供融资，此外即时提供融资也会要求支付融资利息之外的风险溢价。根据最优资本理论，企业选择内部融资会比外部融资更有优势，因为融资成本较低，风险较小，发展程度较高的企业将更多依赖内部融资，流动负债比企业融资更低，而融资效率也更高；其次是债务融资，因为税盾效应使得债务融资的成本更低，但是我国目前由于资源和体系的原因，对中小企业定价能力还远没有达到标准，因为银行对中小企业提供贷款的意愿并不强烈；最后是股权融资，中小企业想要上市"门槛"也高，上市费用也高，必然带来融资效率低下。

二、模型选择

从国外的研究文献来看，主要有投资—现金流模型和现金—现金流模型两大模型用以研究企业的融资效率问题，均是通过衡量企业融资过程中的融资约束水平来反映融资效率，即企业融资约束越高表示企业融资效率越低。根据迈尔斯和梅吉拉夫（1984）提出的"优序融资"理论，法扎利、哈伯德和皮特森（1988）认为，企业内外部的信息不对称程度越高，企业进行外部融资的融资约束越高，从而企业投资对其经营现金流的敏感性越强，融资效率越低；反之，企业内外部的信息不对称程度越低，企业外部融资的约束越低，融资效率也就越高。因此，他们提出投资—现金流敏感性（简称FHP 模型）来度量企业的融资效率。其后，卡普兰和辛格拉斯（1997）在研究中发现，利用现金流代替投资的结果更为符合实际；在实证研究中，库拉纳、马丁和佩雷拉（2006）利用现金—现金流模型来分析不同金融水平的各国企业融资效率问题，结果发现金融水平低下的国家，企业整体融资约束高，融资效率低；金融水平高的国家，企业融资约束低，融资效率高，结果也表明企业的融资效率随着国家金融水平的提高而逐步提高。在国内，李金、李仕明和严整（2006），连玉君、苏治和丁志国（2008）以我国上市企业的公司为样本，利用现金—现金流敏感性来衡量企业融资效率时得出了统一结论。

从以上的研究文献来看，现金—现金流模型可以用来研究中国企业的融资效率问题。鉴于此，本节选择其作为研究供应链融资水平对中小企业融资效率的出发点。为便于研究，根据上述融资效率的影响分析，我们可以做出基本假设：

H1：目前中小企业存在普遍的信贷约束；

H2：供应链融资的发展水平越高，中小企业的现金—现金流敏感性逐步越低，即外部融资效率越高。

三、实证研究设计

（一）样本数据说明

本节中使用的数据均为上交所和深交所公示披露的上市公司财务数据和宏观经济数据。上市公司的年度报表财务数据均来自 RESSET 数据库，宏观经济数据均来自于国泰安数据库和中国人民银行发布的官网数据。

本节选取 2011～2016 年中小企业上市公司作为初始样本，即在 2016 年 12 月 31 日资产不足 10 亿元的上市公司。按照资产规模筛选出来上市公司后，为避免不必要的"噪音"对实证结果的影响，对财务数据做出了适当的筛选：（1）删除了在数据期间退市的公司。（2）删除了在数据期间财务报表不全或数据有缺失的公司。（3）部分公司财务报表有所调整，本节所使用的数据为财务报表调整后的财务数据。

经过如上的筛选，本节共得到了 178 个公司，2011～2016 年中 6 年共 1 068 个数据。

（二）实证模型和研究变量

本节为分析供应链融资对中小企业融资的影响，为此借鉴了 Almeida、Campell、Weisbach（2004）建立的"现金—现金流敏感性模型"，参考张伟斌、刘可（2012）和黄益平、陈龙（2015）的研究，构建如下的实证模型：

$$\Delta cash = \alpha_0 + \beta_1 cashflow + \beta_2 SCF_i + \beta_3 cashflow \times SCF_i$$

$$+ \alpha_1 SIZE + \alpha_2 ROA + \alpha_3 NLWC + \alpha_4 NetInvCash + \varepsilon$$

其中，$\Delta cash$ 是指当期的现金及现金等价物的企业变动额，代表这企业需要未来用于投资生产的资金准备；$Cashflow$ 是指企业的当期经营活动中产生的现金流；是指全国供应链金融发展指标；是全国供应链融资发展与企业现金流的交乘项，用来考察供应链融资的发展对中小企业融资约束的影响。变量的定义见表 5–2。

表 5–2　　　　　　　变量名称、描述和数据来源

变量名称	预期符号	变量描述
$\Delta Cash$		企业投资现金准备，等于现金及现金等价物与总资产的比值的变动
$Cashflow$	+	企业现金流，等于企业经营活动现金流量净额与总资产的比值
SCF_1	+	供应链融资指标1，等于全国短期贷款发生额与企业总资产的比值
SCF_2	+	供应链融资指标2，等于全国商业汇票（发生额）与企业总资产的比值
SCF_3	+	供应链融资指标3，等于全国贴现（发生额）与企业总资产的比值

变量名称	预期符号	变量描述
$Cashflow*SCF_i$	–	企业现金流与供应链融资发展指标的交乘项
$Size$	+	企业总资产的自然对数
Roa	–	企业利润与资产的比值
$NLWC$		企业非现金营运资本和总资产的比值
$NetInvCash$		企业融资活动产生的现金净流量与总资产的比值

（三）主要变量的设定

本节根据张伟斌、刘可（2012）的研究，选取了现金及等价物的变动来衡量企业外部融资效率，及企业用于未来投资生产的现金及现金等价物的变动越少，说明企业通过外部融资而进行企业投资生产的能力越强，及企业的融资效率越高；此外，本节选用了三个变量来衡量全国供应链融资发展的状况，其中 SCF_1 是指全国短期贷款发生额与总资产的比值，短期贷款是银行为弥补企业短期流动性不足而进行贷款的，以应收账款为抵押的供应链融资也统计在其中，因此可以看作应收账款融资的替代变量；SCF_2 是指全国商业汇票发生额与总资产的比值，可以看作预付账款融资的替代变量；SCF_3 是指全国贴现额与总资产的比值，可以看作存货融资对的替代变量。汇票和贴现是我国当前供应链融资的主要工具，这些变量都较好地衡量了我国供应链融资的发展状况。最后，本节选取了控制变量，其中 *Size* 是指总资产的自然对数，代表企业规模；*Roa* 是指企业与资产的比值利润，代表了企业的盈利能力；*NLWC* 是指企业非现金营运资本（即流动资本减去流动负债，再减去库存现金）和总资产的比值，*NetInv-Cash* 是指企业融资活动产生的现金净流量与总资产的比值，代表了企业资本支出与企业资金成本。

（四）实证检验结果及分析

（1）描述性统计分析

我们在表 5-3 中列出如下描述性统计结果：

表 5-3　　　　　　　　　数据描述性统计

变量	数目	平均值	标准差	最小值	最大值
$\Delta cash$	1 068	0.182	0.16	0	0.999
$cashflow$	1 068	0.007	0.151	-1.268	0.943
SCF_1	1 068	24.701	183.068	0.379	5 048.8
SCF_2	1 068	6.414	46.943	0.094	1 259.2
SCF_3	1 068	15.974	105.7	105.7	2 620.18
$cashflow * SCF_1$	1 068	4.885	147.68	-212.156	3 760.26
$cashflow * SCF_2$	1 068	0.619	41.745	-635.487	1 187.24
$cashflow * SCF_3$	1 068	0.925	93.589	-1 748.25	2 470.44
$SIZE$	1 068	20.414	0.98	13.763	23.517

变量	数目	平均值	标准差	最小值	最大值
ROA	1 068	0.157	2.463	0.007	46.902
$\Delta NLWC$	1 068	-0.149	0.649	-8.007	2.405
GR	1 068	0.1962	0.1867	2.1748	-0.8071

从表 5-3 中可以看出，各变量的数值均在合理的范围内。$\Delta cash$ 作为被解释变量，取值在（0，1）之间，符合现金及等价物变动的实际情况。$cashflow$ 的数值正值说明企业的现金流流入大于流出，而数据中也存在负值，则表示相反的意思，有绝对值超过 1 的情况，这主要是代表流动性较大，营运资本周转较高而固定资产要求相对较低的企业。虽然分布范围比较广，但标准差并不算大，说明全国供应链金融发展指标分布比较平稳。对于企业规模数据 *Size* 的值幅度较小且标准差也比较小，这也体现了中小企业具有特定的规模但相对较小的特点。而对于资产利润率数据 *Roa* 平均值为 0.161，说明中小企业盈利能力属于中游水平。

为了检验变量之间是否存在相关性，通过分析相关系数矩阵，得到表 5-4：

表 5-4

相关系数矩阵

	$\Delta Cash$	Cf	SCF_1	SCF_2	SCF_3	$C*S_1$	$C*S_2$	$C*S_3$	$Size$	Roa	$NLWC$	NIC
$\Delta Cash$	1.000											
Cf	0.355	1.000										
SCF_1	0.295	0.910	1.000									
SCF_2	0.300	0.081	0.998	1.000								
SCF_3	0.309	0.051	0.984	0.987	1.000							
$C*S_1$	0.084	0.310	0.529	0.498	0.391	1.000						
$C*S_2$	0.086	0.311	0.537	0.506	0.398	0.999	1.000					
$C*S_3$	0.062	0.325	0.434	0.402	0.290	0.999	0.991	1.000				
$Size$	-0.214	0.004	-0.410	-0.417	-0.425	-0.11	-0.113	-0.079	1.000			
Roa	0.059	0.029	0.214	0.213	0.202	0.173	0.174	0.163	-0.236	1.000		
$NLWC$	0.061	-0.004	0.020	0.020	0.024	0.002	0.002	0.001	-0.265	-0.155	1.000	
NIC	0.126	0.047	0.014	0.073	0.071	0.081	0.080	0.080	0.110	0.032	0.346	1.000

从表 5－4 可以看出，各变量之间存在一定相关性，但大部分相关性比较小，相关性较强的是 SCF_i 之间呈高的正相关、$Cashflow * SCF_i$ 之间呈高的正相关，这是由于它们都是供应链融资发展指数以及供应链发展指数和现金流的交乘项，只是各自衡量的角度不同，因此会存在很高的正相关。但本文的检验均是只用到一种 SCF_i 值的单次回归，因此可以消除 SCF_i 引起的相关性，不影响模型的有效性。

（2）豪斯曼检验、拉格朗日检验

为了判断是采取随机效应模型进行分析还是采取固定效应模型，本书首先对面板数据进行豪斯曼检验，检验结果为"Prob > chi2 = 0.0217"，因为取值大于 0.01，因此无法排除随机效应的可能，因此本文选取了随机效应模型来检验。

本书进行了拉格朗日（LM）检验来确定是否有截面相关。结果显示"拉格朗日检验：Prob > chibar2 = 0.0157"，取值大于 0.01，因此拒绝存在截面相关的假设，截面无相关。

表 5－5　　　　　　　　　　检验结果

检验	豪斯曼检验	拉格朗日检验
P 值	0.0217	0.0157

五、回归结果

经过上节的检验后，本文对方程进行了回归，回归结果如表 5 - 6：

表 5 - 6　　　　　　　　回归结果

回归方式	选取 SCF1 回归		选取 SCF2 回归		选取 SCF3 回归	
	OLS	RE	OLS	RE	OLS	RE
Cashflow	0.435 ** (1.94)	0.15 ** (1.17)	0.436 ** (1.99)	0.13 ** (1.11)	0.431 ** (2.04)	0.12 ** (1.16)
SCF_1	0.002 *** (6.57)	0.000 *** (5.03)				
SCF_2			0.009 *** (7.71)	0.002 *** (5.1)		
SCF_3					0.003 *** (7.75)	0.002 *** (4.93)
Cashflow * SCF_1	-0.002 *** (-5.18)	-0.001 *** (-3.99)				
Cashflow * SCF_2			-0.007 *** (-5.52)	-0.003 *** (-4.13)		
Cashflow * SCF_3					-0.002 *** (-5.57)	-0.004 *** (-3.98)
Size	0.031 *** (1.79)	0.052 *** (4.51)	0.031 *** (1.87)	0.061 *** (4.55)	0.032 *** (1.71)	0.045 *** (4.41)
Roa	-0.008 *** (-5.32)	-0.013 *** (-3.26)	-0.008 *** (-5.46)	-0.007 *** (-3.38)	-0.008 *** (-5.64)	-0.014 *** (-3.39)
NLWC	-0.005 *** (-1.47)	-0.012 ** (-1.98)	-0.004 (1.59)	-0.014 ** (-2.06)	-0.005 ** (-1.82)	-0.026 ** (-2.16)

续表

回归方式	选取 SCF1 回归		选取 SCF2 回归		选取 SCF3 回归	
	OLS	RE	OLS	RE	OLS	RE
NetInvCash	- 0. 013 ** (- 7. 04)	- 0. 007 *** (- 5. 01)	- 0. 013 ** (- 7. 13)	- 0. 016 *** (- 5. 08)	- 0. 014 ** (- 7. 22)	- 0. 091 *** (- 4. 92)
α_0	- 0. 820 ** (- 0. 45)	- 0. 793 *** (- 3. 16)	- 0. 808 ** (- 7. 13)	- 0. 507 *** (- 3. 2)	- 0. 839 ** (- 0. 35)	- 0. 526 *** (- 3. 05)
R^2	0. 375	0. 326	0. 375	0. 328	0. 373	0. 322

注：数值为保留三位小数的结果；圆括号内的数值为 t 值；*** 、** 和 * 分别表示检验统计量在 1% 、5% 和 10% 水平上统计显著。

因为供应链融资指标是不同维度的指标，且相互相关，因此为了保证结果的可靠性，因此对三种供应链融资指标进行了逐一的回归。且通过豪斯曼检验测出面板数据应当为随机效应，因此为了保证结果的稳健性，本节列出了最小二乘回归和随机效应回归的两种结果。

从表 5 - 6 可以看出，Cashflow 现金流系数持续为正，且在 5% 的水平上显著，根据随机效应数据来看，系数大小稳定在 0. 12 ~ 0. 14，中小企业表现出显著的现金—现金流敏感性，这表明中小企业在经营过程中更加偏好于从经营现金流中提取现金作为库存现金，说明我国当前融资环境下，中小企业有强的融资约束，只能偏重内部融资进行筹集现金用于投资生产，验证了假说 H1；现金流与全国供应链金融发展指标的交乘项，即现金流与全国短期贷款（发生额）SCF_1、全国商业汇票（发生额）SCF_2 和全国贴现（发生额）SCF_3 交乘项的三个系数均为负，且在 1% 的水平上显著，支持假设 H2。表明随着供应链融资的发展，中小企业现金—现金流的敏感性降低，企业未来生产所需要的资金可以通过供应链融资筹得，融资效率有所提高。然而，从表 5 - 13 可以看出，交乘项系数与现金流系数绝对值之比仅为 1% 左右。从经济意义来说，供应链融资发展对中小企业的融资效率提升上较为有限。本节认为，交乘项系数较小可能源于两方面原因：一方面是供应链融资选取口径上，仅仅利用短期贷款、商业汇票和贴现的全国数据来衡量我国供应链融资的发展会有所偏差，因为数据中会有部分非供应链融资的数据，因此会造成偏差影响；另一方面，也可能是因为我国的供应链融资依然在起步阶段，普及性不够，大部分的企业和金融机构并不能深刻准确认识到供应链融资对解决目前中小企业融资供需不平衡问题的重要性，因此对其投入不够，使得我国供应链融资的发展还远不到正常水平。其他的控制变量大体上也显著，$Size$、Roa、$NetInvCash$ 都在 1% 的显著性水平内显著，$NLWC$ 在 5% 的显著性水平内显著，表明各控制标量对模型及被解释变量有显著影响。

第四节 案 例 分 析

由上述理论推导和实证分析可得出结论,中小企业供应链融资对信贷市场流动性和融资效率均有促进作用,本章试图从实际案例分析的角度继续验证所得出的结论。

一、案例背景

内蒙古科尔沁牛业股份有限公司位于内蒙古自治区科尔沁草原腹地——通辽市。拥有通辽屠宰加工厂、南阳屠宰加工厂、通辽肉制品分公司及育肥牛基地、草牧场等下属企业,建立了以肉食品加工为主体、以绿色饲料加工、畜牧产品研制开发、草原生态建设为基础的肉牛集约化和规模化的产业链条。截至 2015 年,科尔沁总资产已达到 28 亿元,年屠宰 300 000 头肉牛,生产冷鲜、冷冻肉 60 000 吨的规模。公司层次明确,采用供应链生产方式,供应链上游由畜牧业个体户或小农经济体等中小畜牧企业提供肉源,由科尔沁公司负责供应链上游的加工销售。其中,作为供应链下游的主要养殖地——通辽牛业有机肉牛养殖基地始建于 1999 年,坐落于通辽市科左中旗,总投资 7 000 万元,年屠宰量 10 万头,产肉 20 000 吨;南阳工厂总投资 3 亿元,包含 5 000 头畜位的养殖有限公司及 10 个 1 000 头畜位的肉牛育肥厂，年屠宰量 10 万头，产肉 20 000 吨。

二、传统融资模式及其弊端

畜牧业养殖的传统融资模式，大部分以银行的商业贷款为主，通过抵押物品和企业或个人的征信记录、还款能力等获取信用，之后利用融资进行畜牧养殖，变卖后获利偿还信用。传统的银行贷款属于直接性强的间接融资，但因为畜牧业养殖本身的特点，往往在发展期间会面临需求贷款但无抵押物的窘境，而最终将大量的可用资金花费在抵押物本身上，而未能用在企业规模发展上，使得资金效率低下。据蚂蚁金服人员资料，根据 2016 年召开的中国畜牧协会会议显示，80% 以上零星的中小微畜牧业，面临难以寻找到合适的抵押物向银行贷款的尴尬局面。传统融资模式有着"成品无法变现""销售无法抵押"两个限制，正如俗语所言，"家财万贯带毛的不算"，如果这些中小微畜牧业可以通过供应链融资将这些难以变现的资产转化为资金，便无须在贷款的抵押物品上花费融资成本，可以极大地提高融资效率。而获得的资金投入到扩大生产后销售，从而获得更好的信用评级，有更多的金融机构进入市场提供资金，更多的中小微畜牧业进而获得融资，也大大提高了信贷市场流动性。

三、供应链融资方案设计

2016 年 11 月，蚂蚁金服与科尔沁牛业达成合作，科尔沁牛业是整条供应链的核心企业，蚂蚁金服为其提供贷款融资。这个模式的基础是科尔沁与需要融资的养殖户签订收购合同，保证养殖户最终的产牛会全部被收购，而此部分的应收账款即作为质押进行供应链融资。在整体发放贷款之前，养殖户需要先向指定的中华联合财产保险股份有限公司购买履约保证险，保障当借款人在合同到期后因非道德风险而无力偿还借款时，由中华联合财产保险股份有限公司优先进行偿还，此购买保险的金额根据养殖户的偿还能力的实际情况浮动。在以上步骤都协商完成后，蚂蚁金服开始以应收账款为质押对养殖户提供贷款。在发放贷款的过程中，蚂蚁金服也创新性地创造了一套"定向支付管理系统"，其本质就为"改借钱为借物"，虽然这笔贷款资金是放贷给养殖户，但这笔钱会打到养殖户的指定支付宝账户，且这笔钱无法取出挪用他用，只能用于在农村淘宝上进行相关生产资料的购买，比如科尔沁会在农村淘宝上开店，出售架子牛、牛犊、饲料、兽药等，形成了一个养殖生态的闭环。

内蒙古科尔沁牛业畜牧科技有限公司为核心的供应链结果如图 5-8 所示。

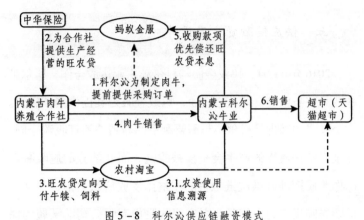

图 5 - 8　科尔沁供应链融资模式

资料来源：根据蚂蚁金服资料整理。

四、供应链融资方案的保障机制

蚂蚁金服供应链融资与其他融资不同之处在于它利用自身的阿里生态，解决了传统融资两个棘手的难题：一是抵押品的变现；二是贷款的监管成本。与银行的抵押融资不同，不参与任何实体物质的抵押贷款。银行为了控制风险、稳定资金，除了对贷款人员材料审核、信用评级、收入调查等一系列征信之外，还需要在发放贷款时有一定的变现能力强的抵押品作为担保，否则即使信用良好，仍无法发放贷款。而畜牧业的前期农业材料投入的天然性，使得前期回报的家畜无法作为抵押品实现贷款，因为银行在判定家畜时只能作为不可变现产品。此外，即使最终通过审核，银行正常发放贷款，也很难监管贷款费用是否专款专用，是否完全用于正常的农资建设，而非用于隐含未评估的渠道，这其中也是无形增大坏账风险。蚂蚁金服设计的"双向闭环"模式，能利用阿里生态集中解决这两个难题，也是其供应链融资的关键保障机制。

（一）产销闭环，阿里自生态完成抵押品变现

在蚂蚁金服供应链模式内，形成一个封闭的资金链，保障资金流的运营流畅。从蚂蚁金服为合作社发放第一笔旺农贷开始，资金流向合作社的蚂蚁金服账户，并通过阿里生态中的农村淘宝购买牛犊、牛仔、饲料等养殖业材料，当牛犊饲养成肉牛之后，依据之前与科尔沁签订的采购订单，贩卖给科尔沁牛业，合作社收到科尔沁采购费用的这笔应收账款，优先偿还给蚂蚁金服旺农贷的本金利息，余额再发放给合作社。如此资金闭环，便通过资金流通使得蚂蚁金服、合作社、农村淘宝（包括淘宝卖家）、科尔沁牛业四方盈利，一举多得。而在贷款期间的抵押物为肉牛的所有权，即使出现违约风险，蚂蚁金服仍可利用自身阿里生态的天猫超市，将肉牛成品快速变现，弥补资金损失，避免坏账以及资金链断裂。这也是蚂蚁金服贷款便于商业银行贷款的优势所在。

（二）物资闭环，阿里自生态完成贷款专项专用

在蚂蚁金服供应链模式内，将"合作社、科尔沁、农村

淘宝"形成一个采购养殖的闭环，保障贷款项的专款专用，规避道德风险。蚂蚁金服从物资环的外部注入第一笔贷款入环，虽然资金流向依然是从蚂蚁金服到养殖户的支付宝账户，但这笔"钱"无法取出，只能用于在农村淘宝平台上购买农资农具等生产资料，而与科尔沁签订合同的合作社也只能在科尔沁指定的地方购买指定农资，比如科尔沁会在农村淘宝上开店，将架子牛、牛犊、饲料、兽药出售给合作社等，合作社在半年到一年期间将成品牛销售给科尔沁牛业，科尔沁再通过自身的销售渠道和天猫超市卖给最终消费者，以此完成一个物资流的闭环。以此种方式，不但以极低的监管成本保障了合作社对贷款资金的专款专用，也以极低的监管和纠错成本保障科尔沁的用材安全，使得消费者可以关注所购买食用品的原材料来源，增强消费者的安全信心和食品观念。通过农村淘宝平台完成阿里自生态的物资闭环，也是蚂蚁金服贷款便于商业银行贷款的优势之一。

五、信贷市场流动性和融资效率的影响

首先，从信贷市场流动性来看，科尔沁与蚂蚁金服进行供应链融资合作之后，根据科尔沁统计资料显示，单从 2016 年 11 月到 2017 年 6 月 8 个月的时间，已有 2 000 余人次的当地农户与科尔沁牛业办理阿里—科尔沁供应链融资，融资额

度达近 20 亿元，极大提高了供应链融资的参与主体数量，作为中小微企业代表的农户散户和小型农企业参与市场，而作为出资方的蚂蚁金服和核心企业的科尔沁农业都参与了供应链融资的市场，提高了整体信贷市场的流动性；此外，蚂蚁金服从 2015 年起联合阿里巴巴村淘合伙人、中和农信的线下"熟人"，为用户提供经营性供应链融资贷款等金融服务，已实现全国范围的覆盖，截至 2017 年 5 月，蚂蚁金服为中小企业在支付、保险、信贷等方面服务数量分别为 1.5 亿元、1.3 亿元、3 300 万元。也从侧面充分显示了供应链融资市场的流动性在稳步的提升。

其次，从融资效率的角度而言，原中小微企业无法通过抵押等方式进行信贷融资，且通过银行或龙头企业借贷融资难不说，融资利率成本很高；而因为与科尔沁签订合作协议参与阿里—科尔沁融资模式之后，只需要凭借身份证与合同承诺便可轻松根据自身规模筹得资金，8 个月内共筹得贷款 20 亿元，而贷款利率则比银行等传统贷款业务的同期贷款利率低 1～2 个点，无论是贷款利率还是融资规模都比原先有更大的优势，也说明了供应链融资对融资效率有了稳定的提升。

六、供应链融资模式的创新

第一，阿里—科尔沁的供应链融资模式在消除信息不对称方面取得了极大的成功。一方面由于进行供应链融资，整体供应链生产的数据都将被出资方所掌握，因此规避了企业的道德风险，提升了双方的公共信息，从而增进了供需双方的资金交流意愿；另一方面阿里通过自身的生态系统优势，利用大数据分析各主体的偿债能力，通过对生产和销售环节的把控进一步降低违约风险，因此在控制风险的前提下提高了自身参与的意愿，也提高了中小企业参与的可能性，增加了信贷市场流动性。

第二，因为阿里—科尔沁等此类供应链融资模式的双闭环融资特点，使得无论作为出资方的阿里或是反向担保方的科尔沁，以及作为第三担保方的中华和保等都能通过资金闭环等方式将违约风险和道德风险等人为因素降低到可以承受的范围，因此无论是对中小企业的容忍度和贷款优惠利率都较传统银行有了显著的提升，因此中小企业在贷款时的融资效率会有显著的改善。

第三，在业务流程方面，阿里—科尔沁供应链融资模式上实现了创新。因为供应链融资每一笔的金额都不大，但数量较多，有短、快、频的特点，因此如果是正常的融资流程，较长的融资过程和繁复的融资手续会耗费大量的人力和时间成本，无法满足供应链融资业务的需求。针对这种情况，阿里—科尔沁另辟蹊径，通过"线上＋线下"熟人模式，这样提高了业务办理效率，保证了中小企业融资的及时获取，这也极大提高了中小企业的融资效率。

第四，在营销方面，阿里—科尔沁供应链融资模式也有独到的一面。阿里利用自身的生态系统，在科尔沁牛肉线下销售的基础上，结合淘宝进行线上销售，拓宽了销售渠道，保障作为还款来源的应收账款变现的可能性和及时性，为整个融资模式提供了优质的循环保障，这也是提高信贷市场流动性和融资效率的基本保障条件之一。

七、小结

本章通过阿里—科尔沁的供应链融资案例对本节的研究作了辅助论证，通过阐述案例背景，传统融资模式的障碍，以及供应链融资方案设计和融资模式保障以及方案成果的分析，进一步论证了理论推导的结论，即中小企业供应链融资对信贷市场的流动性及融资效率有促进的作用。

第五节　总结和建议

一、主要结论

本节结合我国中小企业供应链融资现状，借助 REE 模型从理论上对中小企业供应链融资对信贷市场和融资效率的影响进行了推导，并结合沪深两版对上市公司数据进行实证分析以及中小企业供应链融资的典型案例，阐述了中小企业供应链融资的影响，现总结如下。

（1）供应链融资将供应链企业作为一个整体，借助核心企业信用水平，结合供应链融资的特点将中小企业的信息更充分地呈现给融资信贷市场，通过提升公共信息水平解决了信息不对称的问题，从而增进信贷市场流动性；从案例分析可以发现，供应链融资模式的成熟运用吸引了越来越多的融资供需双方参与市场，极大地提高了供应链融资信贷市场的流动性。

（2）在供应链融资市场上，中小企业信息透明度提高，使得市场流动性更强，参与的人多，市场价格更趋近于均衡价格。从理论上因为更多的公共信息公布使得融资成本，即融资利率降低趋向于均衡，降低，降低中小企业的融资成本提高中小企业的融资效率；从实证角度来看，中小企业在供应链融资的影响下降低了企业的融资约束，提高了企业的现金流，因此提高了融资效率。

因此从理论推导、实证检验、案例分析的角度来看，均能得到一致的结论：中小企业供应链融资对信贷市场流动、融资效率都有促进的作用。

二、意见建议

根据本章所得出的结论，要解决中小企业融资难问题，可以借助供应链融资的途径，所以要尽可能开发更加高效、开放、完整的供应链融资模式，并使其可大量推广，形成供应链融资的体系。这需要从中小企业、金融机构、物流公司和政府的角度来看待。

（一）中小企业应注重与各主体合作，充分利用供应链融资提升融资效率

中小企业不仅可以通过股权或债务融资，更可以借助供应链融资，提高融资的及时性和融资效率。一要做到与供应链融资下游的核心企业紧密合作，协同发展，稳定供应链各环节。二要注意自身结构转型，明确未来经营方向，加强内部管理，提升企业实力，扩大生产规模，提升供应链中的声誉。三要加强自我信用风险管理，治理结构更规范，财务管理制度更健全、规范、透明，通过供应链融资减少企业的信息不对称，提高信用评级，以达到更好的效果财务支持，保持企业发展的活力，提升融资效率并通过良好的企业发展进入良性循环。

（二）金融机构需进行供应链融资业务创新，为中小企业融资提供优质服务

金融机构一方面要积极设计供应链融资产品，结合已有

的信息技术、大数据技术为中小企业设计可批量化推广运作的创新性供应链融资模式，按照中小企业融资少量高频的特征提高相应的金融服务，提高审批质量、完善资本运作；另一方面自身获利以及为中小企业提供服务的基础核心依然是风险控制，金融机构可以充分着眼于中小企业具体交易活动而运用风控技术进行针对性的信用评级、具体的业务考察等风险量化，注重贷款前信贷审查、监督审批，提高贷款质量，及时监测风险。

（三）政府应加大供应链融资的扶持力度，提高信贷市场整体的流动性

首先，要形成一个高效健康的供应链融资环境，鼓励金融机构探索和利用应收账款融资、存货融资、预付账款融资等融资模式为中小企业提供融资，通过融资多元化和融资效率提升促进信贷市场的流动性。其次，构建以企业为主导、产学研用合作的供应链融资创新网络，建设跨界交叉领域的创新服务平台，提供技术研发、品牌培育、市场开拓、标准化服务、检验检测认证等服务，增大研究和参与人群。再其次，积极开展供应链创新与应用试点示范，开展供应链融资创新与应用示范城市试点，鼓励试点城市制定供应链融资发展的支持政策，完善本地重点产业供应链融资体系，培育一批供应链创新与应用示范企业，建设一批跨行业、跨领域的供应链协同、交易和服务示范平台，提升参与主体数量与信贷市场流动性。最后，加强供应链融资行业组织建设，推动供应链融资行业组织建设供应链公共服务平台，加强行业研究、数据统计、标准制修订和国际交流，提供供应链咨询、人才培训等服务。加强行业自律，促进行业健康有序发展。加强与国外供应链融资行业组织的交流合作，推动供应链融资专业资质相互认证，促进我国供应链融资发展与国际接轨。

本章参考文献

［1］Agrawal V. , Seshadri S. Impact of uncertainty and risk aversion on price and order quantity in the newsvendor problem ［J］. Manufacturing & Service Operations Management, 2000, 2 (4): 410 – 423.

［2］Basu P. , Nair S. K. Supply Chain Finance enabled early pay: unlocking trapped value in B2B logistics ［J］. International Journal of Logistics Systems and Management, 2012, 12 (3): 334 – 353.

［3］Berger A. N. , Udell G. F. A more complete conceptual framework for SME finance ［J］. Journal of Banking & Finance, 2006, 30 (11): 2945 – 2966.

［4］Bhagwat R. , Sharma M. K. Performance measurement

of supply chain management: A balanced scorecard approach [J].
Computers & Industrial Engineering, 2007, 53 (1): 43 –62.

[5] Birge J. R. , Zhang R. Q. Risk-neutral option pricing
methods for adjusting constrained cash flows [J]. Engineering
Economist, 1999, 44 (1): 36 –49.

[6] Buzacott J. A. , Zhang R. Q. Inventory Management
with Asset – Based Financing [J]. Management Science, 2004,
50 (9): 1274 –1292.

[7] Chia – Hsien Su, Liang – Yuh Ouyang, chia – Huei
Ho, et al. Retailer's Inventory Policy and Supplier's Delivery Poli-
cy under Two – Level Trade Credit Strategy [J]. Asia Pacific
Journal of Operational Research, 2007, 24 (5): 613 –630.

[8] F. Mathis, J. Cavinato. Financing the Global Supply
Chain: Growing Need for Management Action [J]. Thunderbird
International Business, 2010 (6).

[9] Fenmore E. Making purchase-order financing work for
you [J]. Secured Lender, 2004, 60 (2): 20 –20.

[10] Hallikas, Jukka Hallikas. Risk management processes
in supplier networks [J]. International Journal of Production Eco-
nomics, 2004, 90 (1): 47 –58.

[11] Hans – Christian Pfohl, Moritz Gomm, Supply Chain

Finance: Optimizing Financial Flows in Supply Chains [J]. Logistics Research, 2009 (1).

[12] Harland C. Supply Chain Operation Performance Roles [J]. Integrated Manufacturing Systems, 1997, 8 (2).

[13] Harris L. Liquidity, trading rules and electronic trading systems [R]. 1990.

[14] Hilliard J. E. , Reis J. Valuation of Commodity Futures and Options under Stochastic Convenience Yields, Interest Rates, and Jump Diffusions in the Spot [J]. Journal of Financial & Quantitative Analysis, 1998, 33 (1): 61 – 86.

[15] Hofmann E. Supply chain finance: some conceptual insights [J] . Beitrage Zu Beschaffung Und Logistik, 2005: 203 – 214.

[16] Kouvelis P. , Zhao W. The Newsvendor Problem and Price – Only Contract When Bankruptcy Costs Exist [J]. Production & Operations Management, 2010, 20 (6): 921 – 936.

[17] Kyle A. S. Continuous auctions and insider trading [J]. Econometrica: Journal of the Econometric Society, 1985: 1315 – 1335.

[18] Martin Christopher, Hau Lee. Mitigating supply chain risk through improved confidence [J] . International Journal of

Physical Distribution & Logistics Management, 2002, 34 (5).

［19］Moritz Leon Gomm. Supply Chain Finance: Applying Finance Theory to Supply Chain Management to Enhance Finance in Supply Chains ［J］. International Journal of Logistics, 2010, 13 (2): 133 – 142.

［20］Peck H. , Christopher M. Supply chain risk management: outlining an agenda for future research ［J］. International Journal of Logistics: Research and Applications, 2003, 6 (4): 197 – 210.

［21］Pfohl H. C. , Gomm M. Supply chain finance: optimizing financial flows in supply chains ［J］. Logistics research, 2009, 1 (3 – 4): 149 – 161.

［22］Richard Hall. Rearranging Risks and Rewards in A Supply Chain ［J］. Journal of General Management, 1999, 24 (3): 22 – 32.

［23］Seifert R. W. , Seifert D. Financing the chain ［J］. International commerce review, 2011, 10 (1): 32 – 44.

［24］白少布, 刘洪. 供应链融资的供应商与制造商委托代理激励机制研究 ［J］. 软科学, 2010 (10): 23 – 29.

［25］曹文彬. 基于供应链金融的应收账款融资博弈分析 ［J］. 商业研究, 2013 (3): 168 – 173.

［26］陈宝峰，冯耕中，李毅学．存货质押融资业务的价值风险度量［J］．系统工程，2007，25（10）：21–26.

［27］陈杰．供应链金融：背景、创新与概念界定［J］．财经问题研究，2015.

［28］冯瑶．供应链金融：实现多方共赢的金融创新服务［J］．新金融，2008：60–63.

［29］高凌，董宝田．供应链金融视角下商业银行贷款定价分析［J］．煤炭经济研究，2010（11）：56–65.

［30］顾群．供应链金融缓解融资约束效应研究——来自科技型中小企业的经验证据．财经论丛，2016（5）：28–34.

［31］何涛，翟丽．基于供应链的中小企业融资模式分析［J］．物流科技，2007（5）：87–91.

［32］胡旭微，王羽．电商企业融资效率影响因素研究综述［J］．经营与管理，2016（7）：122–124.

［33］柯东，张潜，章志翔．供应链金融模式及风险控制的案例分析［J］．中央民族大学学报：自然科学版，2013（1）：36–43.

［34］李安朋．微小企业融资新出路——网络融资．知识经济，2011（3）：107.

［35］李毅学，徐渝，冯耕中．国内外物流金融业务比较分析及案例研究［J］．管理评论，2007，19（10）：55–62.

[36] 林毅夫，李永军. 中小金融机构发展与中小企业融资 [J]. 经济研究，2001 (1)：10 – 18.

[37] 刘海虹，陈进. 地方融资平台风险控制的整合路径研究 [J]. 财政研究，2012 (6)：37 – 41.

[38] 刘涛，李帮义，孙涛. 物流金融中的共同代理研究 [J]. 价格月刊，2009 (2)：87 – 88.

[39] 马佳. 供应链金融融资模式分析及风险控制 [D]. 天津：天津大学，2008.

[40] 马丽娟. 企业委托代理供应链合作契约设计模型探讨 [J]. 商场现代化，2005 (12)：161 – 162.

[41] 乔晓宇. 供应链金融模式下成本收益的博弈分析 [J]. 商业经济，2011 (11)：28 – 31.

[42] 史金召，杨云兰，亓晖. 供应链金融概述及其发展趋势 [J]. 金融理论与教学，2014 (2)：14 – 18.

[43] 弯红地. 供应链金融的风险模型分析研究 [J]. 经济问题，2008 (11)：109 – 111.

[44] 王根，张睿. 供应链融资模式下上游供应商研发激励研究 [J]. 内蒙古科技与经济. 2013 (3)：37 – 38.

[45] 吴晓光，曹一. 论加强 P2P 网络借贷平台的监管 [J]. 南方金融，2011 (4)：32 – 35.

[46] 谢江林. 资金约束供应链系统分析与决策 [D]. 南

昌：南昌大学，2010.

[47] 谢世清，何彬．国际供应链金融三种典型模式分析 [J]．经济理论与经济管理，2013（4）：80－86.

[48] 闫俊宏，供应链金融融资模式及其信用风险管理研究 [D]．西安：西北工业大学，2007.

[49] 杨朝军，孙培源．微观结构，市场深度与非对称信息：对上海股市日内流动性模式的一个解释 [J]．世界经济，2002（11）：53－58.

[50] 杨军战．基于中国证券市场的流动性度量指标 [J]．经济师，2007（4）：104－105.

[51] 杨绍辉．从商业银行的业务模式看供应链融资服务 [J]．物流技术，2005（10）：179－182.

[52] 杨晏忠．论商业银行供应链金融的风险防范 [J]．金融论坛，2007（10）：42－45.

[53] 杨之曙，李子奈．上海股市日内流动性—深度变化实证研究 [J] 金融研究，2003（6）：25－37.

[54] 杨治宇，马士华．供应链企业间的委托代理问题研究 [J]．计算机集成制造系统，2001，7（1）：19－22.

[55] 于宏新．供应链金融的风险及防范策略 [J]．经济研究导刊，2010（20）：112－114.

[56] 余菊英．我国中小企业供应链融资现状研究 [J].

现代商业，2009，2009（1C）：185-186.

[57] 张伟斌，刘可. 供应链金融发展能降低中小企业融资约束吗？——基于中小上市公司的实证分析 [J]. 经济科学，2012（3）：108-118.

[58] 赵道致，白马鹏. NRF-LC 物流金融模式设计与优化 [J]. 电子科技大学学报：社科版，2008，10（6）：84-90.

[59] 赵亚娟，杨喜孙，刘心报. 供应链金融与中小企业信贷能力的提升 [J]. 金融理论与实践，2009（10）：46-51.

[60] 周惠中. 经济激励和经济改革 [J]. 现代经济学前沿专题，1993.

第二篇　社会网络与新型农业
经营主体融资

除了市场化发展过程中出现的供应链融资模式，以及正规制度供给的不断完善，社会网络作为一种非正式制度供给，在新型农业经营主体及其所带动的农户的融资过程中也发挥着重要作用。研究指出，因信息不对称所导致的逆向选择、道德风险等问题是金融市场不完备的主要来源，社会网络则有利于缓解信息不对称问题。比如，不少研究发现社会网络可以共享信息。首先，社会网络中成员往往居住邻近或交往频繁，相互监督成本很低，这有效缓解了道德风险问题（Karlan，2007）；其次，社会网络的成员彼此非常了解，低信用或高风险的成员可以被识别出来并被排除出信贷市场，这有效降低了逆向选择问题（Banerjee et al.，2012；Samphantharak and Townsend，2010）；最后，社会网络能够实施一定的社会制裁，使得违约者遭受声誉损失，进而降低违约的可能性（Karlan and Morduch，2010）。除信息共享外，社会网络还能为融资行为提供一种隐性担保（Kinnan and Townsend，2012；Karlan et al.，2009），使得网络成员获得更多融资机会。

　　基于上述研究，本部分主要从以下三个方面来分析社会网络：第一部分综述社会网络的概念、测度及其影响，第二部分研究新型农业经营主体中的合作社本身作为社会网络对农户正规及非正规借贷的影响；第三部分在第二部分的基础上，从多层面（家庭和村层面）来研究社会网络对农户正规借贷的影响。

　　本部分研究表明，社会网络对农户的正规及非正规借贷均有正向影响。本部分在上一部分研究市场化机制作用的基础上，进一步考虑了转型过程中非市场化作用机制对新型农业经营主体及其所带动的农户融资的影响。

第六章

社会网络的概念、测度及其影响：
一个文献综述

第一节 引 言

传统的经济学理论强调，物质资本和人力资本在收入增长中的关键作用，而中国的经济发展中，社会资本也发挥着重要作用。中国有着世界上数目众多的农民，却是近 30 年来经济增长最快的国家之一。类似于物质资本和人力资本，社会资本对收入和经济发展的作用也开始受到学者和政策制定者的关注。社会资本中最重要的一个内容是社会网络，它是人与人之间互动而形成的相对稳定的关联体系，因其最容易测量，影响最为直接，国内外相关研究最多。近年来，随着社会网络从社会学向经济学的过渡，大量文献已经对社会网络的一些基本问题达成共识，但也发现很多争议性的话题。目前，有必要在现有文献的基础上，进行系统性的回顾与综述。这些基本问题包括：

（1）社会网络的概念如何从社会学过渡到经济学？具体包括哪些不同的内涵？（2）社会网络作为一个社会学的概念，在经济研究中如何准确定义和测度社会网络？（3）作为一种社会资本，社会网络对微观个体行为或资源配置的影响有哪些？究竟在其中扮演怎样的角色？（4）作为一种非正式制度，如果社会网络在资源配置中的作用可以弥补正式制度不足的缺陷，那么，这种影响是如何随着正式制度的发展而发生变化的？

这些问题也是学者和政策制定者讨论的焦点。本章试图从社会网络的基本概念出发，以社会网络向经济学的演变过程为基础，对上述问题的文献研究进行综述。本章余下结构安排如下：第二节基于社会网络的理论发展，诠释社会网络的概念及其内涵，第三节总结现有经验研究中所讨论的社会网络以及不同的测度方法，第四节探讨社会网络在微观个体行为中的影响及其作用机制，第五节进一步讨论社会网络作为一种非正式制度随正式制度的发展而变化的相关研究，最后一节是总结。

需要指出的是，社会网络作为社会资本的一个重要组成部分，类似于物质资本和人力资本，在宏观层面的研究也是汗牛充栋。但本章为将研究集中于社会网络对微观个体行为的影响，将不会涉及社会资本的研究。

第二节　概念与诠释

社会网络也被称为关系，是指一群特定人之间的所有正式与非正式的社会关系，包括人与人之间直接的社会关系以及通过物质环境和文化共享而结成的间接的社会关系（Mitchell，1969）。对社会网络的理解最初贯穿于社会资本的研究中，强调社会网络作为一种社会资本的内在特性。最早在社会资本理论研究中提出社会网络的是雅各布斯（Jacobs，1961），他将"邻里关系网络"作为社会资本进行城市社区的研究，这种将社会网络视为社会资本的研究方法一直被沿用至今，并且成为当前社会资本的主要研究范式之一。其后代表性的研究有，布尔迪厄（Bourdieu，1986）将社会资本与社会网络联系起来，并将社会资本定义为由网络共同熟识或认可而形成的社会资源。紧接着科尔曼（Coleman，1990）提供了对社会资本更广泛的理解指出，类似于物质资本和人力资本，社会资本具有生产性，不仅是增加个人利益的手段，而且是解决集体行动的重要生产性资源。值得指出的是，他首次正式提出了社会网络是社会资本的一种表现形式，社会网络具有获取信息的功用，在增加个人或集体利益方面具有举足轻重的影响力。普特南（Putnam，1993）进一步明确指出社会资本是由社会网络、规范和信任这三种要素构成，并将社会资本定义为"能够通过协调的行动来提高经济效率的社会网络、信任和规范"。社会网络作为社会资本的一项重要内容，它是人与人之间互动而形成的相对稳定的关联体系，并具有一般资本或资源的属性，网络的规模或大小也直接依赖于个人拥有的社会资源的数量。

理解社会网络的另一种视角来源于社会网络分析，这是19世纪70年代后在社会学领域产生的新话题。如果说社会资本的研究强调社会网络规模与个人拥有的社会资源有关，社会网络分析则是从结构的角度侧重于社会网络强度及其影响因素。在社会网络分析中，"网络"可视为行动者的一系列社会关系或社会联系，由行动者和社会关系构成相对稳定的社会结构（Emirbayer and Goodwin，1994）。格兰诺维特（Granovetter，1973）首次提出了关系强度的概念，强关系是在性别、年龄、教育水平、职业身份、收入水平等社会经济特征相似的个体间发展起来的，而弱关系是在社会经济特征不同的个体间发展起来的。这种代表同质性的强关系使得获得的信息往往具有较大的重复性和剩余度，从而对个人的帮助不大；代表异质性的弱关系则可以跨越其他阶级界限去获得信息和资源，从而充当了不同社会群体间"关系桥"的作用。换言之，社会网络的强度取决于行动者或网络成员的异质性。异质性越大（定义为"弱关系"），社会网络在获取信息方面的作用会越强。

除网络成员的异质性外，社会网络的强度还取决于社会关系的结构性状。比如个人在网络中的位置（Lin，1982）或个人拥有"结构洞"的数目（Burt，1992）。前者是美国华裔社会学家林（Lin）于 1982 年提出的"社会结构与行动"的网络理论。他指出个人在网络中的位置或社会地位将直接决定个人所拥有的社会资源的数量和质量。在一个社会网络中，个人对社会资源控制和汲取的能力呈金字塔状分布，处在或接近金字塔顶端的个人，往往获取信息和汲取资源的能力最强。后者是伯特（Burt，1992）于 1992 年在《结构洞：竞争的社会结构》（*Structural Holes：The Social Structure of Competition*）一书中提出的"结构洞"的概念及其理论。他指出社会网络中某些个体之间发生直接联系，而与其他个体之间不发生直接联系或出现关系中断，从网络整体来看好像网络结构中出现了洞穴。这种网络成员间的关系断裂或不均等称作"结构洞"。他认为，拥有"结构洞"的人，其角色类似于"中介或第三方"，对信息和资源的获取、整合及控制都占据绝对优势。所以，"结构洞"理论的核心在于"在由群体形成的社会网络中，个人关系的强弱与其拥有的社会资源的多寡没有直接的联系，而是依赖于他占据'结构洞'的多少"（Burt，1992）。与格兰诺维特（1973）、林（Lin，1982）不同，伯特（1992）的创新之处在于他真正揭示了关系强弱的本质，他认为关系的强弱决定于人们建立的社会网络是非剩余的（网络结构不均等）还是重复的（直接联系的人较多）。

如果说布尔迪厄（1986）、科尔曼（1990）、普特南（1993）等学者主张网络联系的多少是社会资本产生的条件，那么格兰诺维特、林以及伯特等更进一步强调，网络成员（或行动者）的异质性以及社会关系的非重复性，使得网络在获取信息和控制资源等方面具有优势地位，从而表现出社会网络更强。

此外，社会网络关系的强弱还依赖于社会关系的形成纽带，比如物质环境或固有的文化特征，这也是学者们关注社会网络最常见的方式。形成纽带不同，社会网络的强弱也有所不同。比安（Bian，1997）以中国为案例分析社会关系在个人求职过程中的作用的研究，提出了"强关系假设"。他认为，个人的求职渠道依赖于由亲戚构建的强关系，这种强关系可以充当没有联系的个人之间的桥梁。中国著名的社会学家费孝通（1998）将中西社会结构进行对比后，提出"差序格局"的概念，即"人与人之间的关系就像一块石头丢在水中，而推出去的一圈圈的波纹，每个人都是这些圈子的中心"。在费孝通看来，中国的社会关系是以自己为中心逐渐向外推的，表明了自己与他人的亲疏远近，往往以血缘为纽带的宗族关系成为了中国农村最重要和最稳定的社会网络之一。类似于印度的种姓网络或部分非洲国家的种族网络，宗族是"有着共同祖先且父系单线延续的合作组织，其成员自觉地与组织外成员区分开来，并共享组织的资源（如土地、声誉或市场信息等），与宗族内成员互惠互利并共担责任（Freedman，1971；Watson，1975）。"那么，与地缘或朋友等网络不同，这种乡土文化决定了宗族网络的强度或凝聚力（Tsai，2007）。

　　需要指出的是，我们这里定义的社会网络概念是最为广义的社会网络概念。作为一种社会资本，网络的大小与个人拥有的社会资源相关。作为一种结构关系，社会网络的强度取决于网络成员的异质性、社会关系的非重复性或连接纽带的差异。但在学术文献中，往往因研究对象的不同而关注某一种社会网络，比如印度的种姓网络、美国的俱乐部网络、部分非洲国家的种族网络以及中国农村的宗族网络、地缘网络、姻亲网络或朋友网络等。国外文献中因种姓网络、种族网络的主导性而受到更多关注。在国内，相比其他网络，以血缘为纽带的宗族网络或亲属网络因中国乡土社会"差序格局"的属性而成为学者和政策制定者关注的焦点。

第三节 测度方法及存在问题

社会网络测度的关键在于如何反映网络的规模和强度。因社会网络概念在理论上的宽泛性，实证上根据研究对象的不同，对社会网络的度量差别比较大。除少数以外，主要从行为指标对社会网络进行度量。如"找工作时可提供帮助的亲戚或朋友的数量""婚丧嫁娶时亲戚间的礼金往来""节假日拜访的亲戚或朋友的数目"等，这些指标难免会出现内生性问题。

首先，行为指标往往依赖于被试的主观意识，难免会出现低报或高报的可能性。当采用这些指标度量社会网络时，容易导致测量性误差。文献中提到的有，陈钊等（2009）"找工作时有多少人可以提供帮助"、李爽等（2008）"想调动工作时估计可以寻求帮助的亲戚朋友的数目"等、章元和陆铭（2009）"赠送给亲友的礼金价值占家庭总支出的比重"等。

其次，行为指标也容易带来遗漏变量问题。文献中常用"亲友间的礼金往来"度量家庭的社会网络来研究社会网络对家庭行为的影响。一般来看，虽然亲友间的礼金支出与家庭的社会网络高度相关，高的礼金支出往往也是维持社会网络的一种方式。然而，礼金支出的数量可能依赖于家庭背景或户主的性格特征等不可测量的因素，并且这些因素也影响个人行为。如相比性格内向、胆小的人，更活泼开朗、更富有企业家精神的人更可能外出打工或发生借贷行为等。而这些性格特征是无法观察或度量的，但同时影响着社会网络变量和被解释变量，从而造成了遗漏变量问题。文献中提到的有，赵剑治和陆铭（2009）"家庭春节和婚丧嫁娶支出占日常支出的比重"、章元和陆铭（2009）"赠送给亲友的礼金价值占家庭总支出的比重"、马光荣和杨恩艳（2011）"亲友间礼金往来数额"等。

最后，行为指标也可能引起双向因果问题。当在研究社会网络对家庭收入的影响时，一方面，收入更高的家庭更有能力去构建社会网络；另一方面，恰恰是那些能力较弱的人反而希望通过网络构建来提高家庭收入。于是，社会网络可能直接影响家庭收入，反过来，家庭收入可能也影响社会网络的构建。换言之，社会网络的构建或规模往往会与个人或家庭的经济条件或个体行为互为因果。文献中提及的有，张爽等（2007）"在政府、学校和医院工作的亲友数量"、赵剑治和陆铭（2009）"家庭在政府和城里工作的关系密切的亲友"、周群力和陆铭（2009）"春节是否给中小学老师拜年及是否交赞助费"、章元和陆铭（2009）"赠送过礼金的亲友数量"、张和李（Zhang and Li，2003）"是否有家庭成员外出打工及家里是否有村干部"、边燕杰和张文宏（2001）"非亲友的直接或间接相识、朋友关系及血缘或姻亲关系"、赵（Zhao，2003）"在迁入地来自同村的人数"、陈等（Chen et al.，2008）"外出打工人数占村庄总人数的比重"等。

总结来看，行为指标似乎并非直接测度社会网络，而是从网络的功用或使用网络的角度来考虑，难免会有一定的偏差。不过，少部分国内文献以"人口规模"来直接测度社会网络，这在关于社会网络与风险分担、集体公共品投资及企业发展等方面有所体现。如徐和姚（Xu and Yao，2009）、彭（Peng，2004）、陈和胡赫（Chen and Huhe，2010）运用"第一大姓在村庄中所占人口比例"来度量农村社会网络。然而，规模仅从数量上刻画了社会网络的大小，却未必能反映网络内部成员间关系的亲疏远近或凝聚力的强弱。弗里德曼（Freedman，2004）指出姓氏人口比例高的网络在形式上可能会比较松散，组织起来也有一定的难度。黄（Huang，1998）、卡兰（Karlan，2009）等也发现网络的组织性（或凝聚力）在内部成员的互惠互利行为中发挥的作用更为明显。因此，除社会网络规模外，从网络强度这一维度刻画网络的组织性或凝聚力显得尤为重要。这在宗族网络的研究中有所体现。

阮荣平和郑风田（2012）、彭玉生（2009）、孙秀林（2011）以及郭云南等（2013）以"宗族是否存在祠堂（或家谱）""是否存在正式的宗族组织"等来度量宗族网络的强度，认为祠堂（或家谱）的有无一定程度上可以用来反映宗族的组织性或凝聚力的强弱。蔡（Tsai，2007）也指出祠堂的建立或家谱的修订往往伴随着宗族的集体仪式或活动（如崇拜祖先的仪式，平息纷争的宗族长老会议等），加强相互间的凝聚力或责任意识，也就是说，祠堂或家谱可以为宗族内部成员的交流与协作提供一个基础和可能性，使得他们更便利地去使用网络。

文献中还指出，社会网络的强度（或凝聚力）在网络成员间的互惠互利、风险分担或其他行为等方面所发挥的作用可能比规模层面的作用更加明显。郭云南和姚洋（2013）、郭云南等（2013）从"姓氏宗族的人口比例"和"姓氏宗族是否有祠堂或家谱"两方面测度宗族网络的规模和强度，发现以家庭姓氏人口比例衡量的宗族网络规模对家庭劳动力迁移、融资以及创业等方面的影响不大，而真正发挥作用的是宗族网络的强度。姓氏宗族修建祠堂或家谱为内部成员间的交流协作提供一个基础和可能性，使得他们更便利地去获取资源或创业机会。

相比行为指标，社会网络的直接度量存在明显的优势。

比如行为指标往往是及时性事件，因而会产生内生性问题。而是否修建祠堂或家谱往往是历史性事件，对于我们研究的因变量而言是外生的。但在实证研究中，往往因数据的天然缺陷而对社会网络的度量不全面，因此造成社会网络的作用被低估的现象。

第四节　社会网络的影响及作用机制

社会网络作为社会学中一个重要的概念，因其在获取信息、汲取和控制资源等方面的优势，在解决个人行为方面的研究是汗牛充栋，目前主要集中在风险分担与平滑消费、融资与投资、劳动力迁移与就业、家庭收入及其分布等方面。我们逐一展开如下。

一、风险分担与平滑消费

平滑消费一直是发展中国家研究的主要议题之一。对于农村人口数目众多的发展中国家来说，较大的收入冲击使得他们在村庄或社区范围内的平滑消费是不完全的（Jalan and Ravallion，1999；Fafchamps and Lund，2003；De Weerdt and Dercon，2006）。于是，人们进一步考察有助于提升风险分担程度的组群或网络。汤森德（Townsend，1994，1995）指出由亲戚朋友构建的社会网络使得个人具有更完全的消费保险，但并未解释消费保险程度是如何依赖社会网络的。而孟希（Munshi）、罗森茨魏希（Rosenzweig）等学者以印度的种姓网络为视角对家庭收入风险及平滑消费作了比较细致的研究。他们发现，以种姓为纽带的社会网络可被视为一种担保或保险机制，促进成员间的转移支付或借贷，有效地缓解家庭的收入冲击，从而促进家庭平滑消费（Rosenzweig and Stark，1989；Rosenzweig，1988；Munshi and Rosenzweig；2009）。另外，安杰卢奇（Angelucci，2008）等指出以姓氏为纽带的社会网络可以提升网络成员间平滑消费的程度，这主要是由于成员间通过信息传递或共享等方式进行风险分担。

关于社会网络与收入、风险偏好异质性的文献揭示了社会网络在风险分担方面的作用，也进一步表明网络效应的差异可能存在于不同性质或不同结构的社会网络中。一方面，社会网络在应对风险和平滑消费中所发挥的作用往往决定于网络的性质。如果社会网络由具有相近风险偏好的人或彼此了解或信任的亲戚或朋友等构成，则社会网络在风险分担中所发挥的作用将更大（Attanasio et al.，2012；Coate and Ravaillon，1993）。另外，网络的强度或凝聚力也是网络分担中的关键要素。学者们从理论上指出风险分担在社会网络中的不对称性，风险分担网络只会由少数同类人形成，网络所起的分担作用依赖于成员与成员间联系的深度和广度（Bramoulle and Kranton，2007）。法肯姆普斯和古贝特（Faf-champs and Gubert，2007）运用菲律宾北部村庄的调查数据，分析风险分担网络形成的决定因素。结果发现，家庭间社会联系的形成并不依赖于家庭间的收入差距，而是决定于家庭间的居住距离。两个家庭相隔越近，更可能相互间提供捐赠或私人借贷，建立联系而共担风险。以中国农村为案例，黄（Huang，1998）指出随着经济的发展，家庭注重于个体利益，而非整个家族的整体利益，以血缘为纽带的亲属网络于是在互惠互利或风险分担中的作用并不明显。然而，风险分担或互惠互利的作用可能主要体现在血统较近的亲属网络中。

另一方面，社会网络在风险分担中所起的作用依赖于网络结构。如安布鲁斯（Ambrus，2010）等探讨了社会网络结构与风险分担程度，结果发现，多向联系的社会网络比单向联系的社会网络更广泛，使得成员间的风险分担更完全。以秘鲁村庄为案例研究，发现存在多项联系的社会网络结构可以使得村庄内部存在完全的风险分担。布洛赫（Bloch，2008）等指出社会网络成员间可以相互转移支付和信息共享，社会网络可被视为风险分担网络，并且社会网络结构直接决定了风险分担网络的稳定性。他们发现，在只是单项联系或者两两联系的情况下，成员之间的风险分担网络比较稳定，而当介于两种情况之间时，风险分担网络的稳定性较差。

二、融资与投资

近年来，国外关于社会网络与投资融资行为的研究非常丰富。一类文献关注社会网络对融资行为的直接影响，如法肯姆普斯和伦德（Fafchamps and Lund，2003）指出社会网络可以扩大融资机会。另一类文献进一步研究了社会网络在正规或民间信贷市场中的作用渠道。研究发现，因信息不对称所导致的逆向选择、道德风险等问题是金融市场不完备的主要来源，社会网络则有利于缓解信息不对称问题。比如，不少研究发现社会网络可以共享信息。首先，社会网络中成员往往居住邻近或交往频繁，相互监督成本很低，这有效缓解了道德风险问题（Karlan，2007）；其次，社会网络的成员彼此非常了解，低信用或高风险的成员可以被识别出来并被排除出信贷市场，这有效降低了逆向选择问题（Banerjee et al.，2012；Samphantharak and Townsend，2010）；最后，社会网络能够实施一定的社会制裁，使得违约者遭受声誉损失，进而降低违约的可能性（Karlan and Morduch，2010）。除信息共享外，社会网络还能为融资行为提供一种隐性担保（Kinnan and Townsend，2012；Karlan et al.，2009），使得网络成员获得更多融资机会。又如有学者分析了非洲国家基于种族的社会网络在企业融资中的重要角色。他们发现，来自大种族的企业家，利用其背后的种族网络，可以扩大融资渠道进而缓解投资的信贷约束（Gajigo and Foltz，2010）。另外，社会网络的信息共享或担保角色，也为个人或企业的投资行为提供了便利，如孩子健康投资（Luke and Munshi，2007）、生产性投资（Kinnan and Townsend，2012）、教育投资（Munshi and Rosenzweig，2006）等。

国内现有成果对农户借贷及投资行为关注较多（朱喜等，2010；马晓青等，2010），特别是农村金融改革以来，大量文献分析农户借贷行为及其表现形式。借贷行为需要解决信息不对称问题，农民以土地作为担保进行借贷及投资教育（李菁等，2002；李锐和李宁辉，2004）。在农村信贷市场上，非正式借贷形式比正式借贷形式更加普遍（朱信凯和刘刚，2009；史清华等，2004；金烨和李宏彬，2009；黄祖辉等，2009）。由于私人贷款者可以更好地评估借款者的信用级别、收入冲击及借款偿还的可能性，而银行或农村信用合作社往往缺乏这方面的信息，可能要求借款者提供更多的抵押品或给予更高的贷款利率，私人融资于是能在一定程度上形成对正规融资的替代（刘莉亚等，2009；甘犁等，2007）。近年来，国内少数文献开始从社会网络的视角关注农户的投资融资行为。在正规金融制度发展缓慢的情况下，因社会网络可以缓解信息不对称所带来的种种问题，社会网络在农村信贷市场中发挥着重要作用（杨汝岱等，2011；胡枫和陈玉宇，2012；李锐和朱喜，2007），并进一步为农民的创业行为提供资金支持，从而有助于自主创业（马光荣和杨恩艳，2011；郭云南等，2013）。

三、劳动力迁移与就业

社会网络或"关系"在人口、劳动力流动中发挥着重要作用（胡必亮，2004；李培林，1996）。目前的文献对于社会网络在劳动力迁移与就业中的作用大概有三种观点。第一，信息共享。来自同一社区的成员在迁入地形成的社会网络，有助于共享资源与信息，从而帮助后续迁移者在新的迁入地找到高薪非农工作（Munshi，2003；2011；Calvo - Armengol and Jackson，2004）。文献中赵（Zhao，2003）、陈等（Chen et al.，2008）、边燕杰和张文宏（2001）运用中国劳动力迁移或就业的相关数据也发现类似的结果。

第二，为迁移成本提供融资渠道。如多尔芬和热尼科（Dolfin and Genicot，2010）运用墨西哥—美国迁移数据，研究迁移网络促进外出打工的具体机制。结果发现，网络成员间能共享各种就业信息，为迁移成本提供相互融资，及在目的地的相互关爱等，从而提升家庭和社区的外出迁移的可能性。

第三，配给工作。章元和陆铭（2009）和章元等（2008）指出在具有较高竞争性的城市劳动力市场上，社会网络的主要角色是配给工作或增强农民工的流动性，通过影响农民工的工作类型而间接地提高他们的工资水平。佐藤宏（2004）也发现社会网络在克服进入国有部门的制度障碍方面有重要作用，它对于外出流动人员收入的影响会因就业性质的不同而有所不同。与以往文献不同，张和李（Zhang and Li, 2003）分析了不同性质的社会网络在个人从事非农工作中所发挥的作用。研究发现，不同类型的社会网络对非农工作的作用不同。能获得亲属或朋友帮助的个人更可能选择外出打工并获得高薪非农工作；家里有村干部的个人更可能获得当地的非农工作。类似的，社会网络对职业选择的作用在网络内部可能存在着异质性。如孟希和罗森茨魏希（2006）运用印度家庭的调查数据，分析了印度的低种姓成员在教育及职业选择中所发挥的重要作用。他们发现，在印度的市场化进程中，以种姓为纽带的社会网络使得女性收入在不同种姓之间的趋同远高于男性，其原因是低种姓的男性从他的社会网络中受益更大而倾向于就读当地的学校进而从事低收入工作，而低种姓的女性从她的社会网络中受益较小而通过选择英语教育进而从事类似白领的工作。

四、收入增长与分布

社会网络作为一种社会资本，在促进穷人家庭摆脱贫困陷阱中发挥着积极的作用，它于是被称为"穷人的资本"（Grootaert，1999）。张爽等（2007）利用中国家庭在2003年的调查数据也有类似的发现，社区层面的社会网络对减少贫困有显著作用。还有学者研究了社会网络在促使穷人家庭摆脱贫困陷阱中的作用做了更进一步的研究。他们发现，在正规金融市场发展缓慢的情况下，社会网络可被视为一种物质资本的替代品或互补品，提高穷人家庭的劳动生产率并增加收入。这种收入水平的增加反过来能加强穷人家庭的社交能力，从而扩大社会网络资本。这种良性的循环，将可能最终促使穷人家庭摆脱贫困陷阱（Chantarat and Barrett，2011）。类似的，社会网络通过加强村民间合作，普及农业生产技术，传递农业生产信息，互惠互利并分担风险等方式增加收入（Narayan and Pritchett，1999）。

在文献中，社会网络虽然能促进穷人家庭增收，但是对收入分配差距的影响是不确定的。如赵剑治和陆铭（2009）运用中国农村家庭收入的调查数据，研究社会网络对农户间收入不平等的影响。他们发现社会网络扩大了农村收入不平等，社会网络对收入差距的贡献达到12.1%~13.4%。类似的，莫格和卡特（Mogues and Carter，2005）从理论上发现社会网络（如血缘、地缘或业缘关系）可被视为一种无形资产或担保品，为拥有社会资本的人提供更多机会而增加收入。因此，给定初始的财富分布状况，社会网络的高度不平等将加剧后续的收入或财富的不平等。然而，社会网络对缩小收入分配差距也可能产生积极作用。如麦肯希和拉波波特（McKenzie and Rapoport，2007）从理论上和经验上显示地区迁移人口比例与该地区的收入不平等呈现倒"U"形关系，这种关系的形成主要依赖于社会网络。由于初始高额迁移成本的限制，只有富人家庭有机会向外迁移，从而加剧了所在地区的收入不平等。但在迁入地的社会网络一旦形成，有助于降低后续迁移成本，从而使得穷人家庭也有能力迁移增加非农收入，最终缓解了所在地区的收入不平等状况。郭云南等（2014）运用中国家庭微观调查数据也有类似发现，宗族网络通过传帮带或风险分担等方式降低外出打工成本，缓解流动性约束，提高穷人外出打工的可能性并增加收入，从而对缓解村庄内部的收入差距的扩大具有显著的正向作用。

第五节　社会网络的制度经济学分析

以上文献看出，社会网络的作用主要体现在资源配置和形成非正式制度方面，能够弥补正式制度发展不足的缺陷。然而，这种非正式制度的作用在正式制度的发展过程中会减弱，还是会嵌入到正式制度的发展过程中去发挥更大的作用呢？理论上，正式制度的发展可能减弱也可能加强社会网络的作用（Nee，1996；Rona-Tas，1994；Bian and Logan，1996），近年来经验研究也争议不断。

其中一条文献是关于社会网络在农村民间信贷市场中的作用。社会网络对促进民间非正规金融起着重要作用，一直严重困扰正规金融机构的信息不对称问题依靠社会网络得到了有效缓解。换言之，社会网络作为农村借贷的载体，它是一种非正式制度，会替代正规金融制度的职能。那么，随着正规金融体系的不断渗透，社会网络在农村信贷市场中的作用将发生怎样的变化？郭云南等（2013）、马光荣和杨恩艳（2011）、杨汝岱等（2011）等给予了否定的回答。他们利用中国农村的微观调研数据，发现随着正规金融市场的不断完善，人们能更便捷地从银行或农信社获得借款，宗族网络（或亲属网络）将不再是人们进行融资的唯一渠道，人们对民间借贷网络的依赖性也因此会有所减弱。也就是说，社会网络在民间借贷市场中的作用会随着正规金融市场的发展而趋于弱化。另一条文献是讨论经济转型过程中非市场化的力量（比如社会网络）。社会网络是一种对提高人们的福利和促进经济增长都非常重要的非市场化力量，那么社会网络的作用将在经济发展或结构转型的过程中是否也会减弱？张爽等（2007）发现社会网络对减少贫困的作用会随着市场化力量的渗透而降低。郭云南和姚洋（2013）发现宗族网络促进随着经济发展和社会转型，传统农村会逐渐向现代农村转变，市场化的力量正逐步向农村渗透，宗族网络促进农村劳动力流动的作用会减小。

以上文献看似社会网络作为一种非正式制度，会弥补正式制度不足的缺陷，但随着正式制度的发展，社会网络的作用会越来越小。然而，当人们开始关注村庄民主选举制度与当地非正式的宗族网络之间的互动关系时，还发现了相反的结论，村庄选举赋予了村民独立自主的权利，反而会因宗族之间的竞争性而增强对村干部的问责，宗族网络有助于增强民主选举对资源配置的效果。蔡（Tsai，2007）认为当选的村干部极易受到村庄内非正式组织的监督和约束，有寺庙、教堂、宗族等民间组织的村庄，其公共品投资的水平明显高于没有这些组织的村庄。孟希和罗森茨魏希（2008）研究基于印度种姓的村级选举发现，居于优势地位的种姓更可能当选，并伴随较高的村庄公共品投资。与此类似，徐和姚（Xu and Yao，2009）利用中国村庄数据指出，如果选举产生的村主任来源于该村最大姓，其任期内村庄自发的公共品投资将增加，原因在于，他（她）所属的宗族将会支持其政策并进行有效监督，使其更有效地实施权力。他们将这一现象解释为"权威耦合"，即由宗族产生的非正式权威与由选举产生的正式权威之间相互重合、相互认可的情况。郭云南等（2012）从家庭个体的角度研究发现，在村民选举过程中，如果选出的村主任来自最大姓，则村庄更容易从村民那里收费，且没有明显增加对村民的转移支付。换言之，如果村庄的正式权威（村委会选举产生）和非正式权威（宗族）相结合的话，村委会更能凝聚人心，也更可能抵制再分配要求。

但现有文献也发现，村庄选举极易被宗族势力所"俘获"，导致民主选举对资源配置的扭曲（肖唐镖，2006；刘金海，2006；贺雪峰，2009）。碧丝莉（Besley，2004）等指出当选村干部引发的公共品投资依赖于村庄中的姓氏结构。他们发现，比较均等的姓氏结构倾向于扩大外溢性公共品，但当选村主任的姓氏比例占据较大份额时，将会伴随着更多私人品的提供。巴萨和达汉（Bassat and Dahan，2010）也发现村民往往会投票给同一姓氏的候选人，于是村庄中的大姓更容易当选，可能最终导致当选领导者的责任意识的弱化。也有学者指出官员们为获取连任可能与非正式的强势利益组织合谋而累积社会资本，牺牲少数人的利益而迎合大众（Maskin and Tiole，2004）。这种情形或多或少与麦迪逊

（Madison，1787）在美国联邦政府 51 号文件中提出的概念"大多数人的暴政"类似，即在位领导者不仅具有法律认可的诸项权力，而且由于获得了其背后强大组织（如第一大宗族）的支持，而采用亲利益相关者的政策，使得剩下少部分人的权力受到威胁。

第六节　总　　结

本章从社会网络的概念出发，诠释了社会网络的内涵、不同的度量方式以及在微观行为中的影响。具体而言，作为社会资本的一项重要内容，是在互动中形成的相对稳定的关联体系，因共享信息、汲取和控制资源等方面的优势，在平滑消费、增加投融资、促进就业、减少贫困和改善收入分配状况等发面具有举足轻重的影响力。作为一种非正式制度，它在资源配置方面可以弥补正式制度发展不足的缺陷。正式制度（如正规金融体系、民主选举）的逐渐发展可能减弱也可能加强原有社会结构中的非正式制度（如社会网络）的作用。

然而，由于社会网络在理论上的宽泛性，实证测度仍是一大难题，目前文献中因研究对象的不同度量差别较大。除少数以外，国内文献主要从行为指标对社会网络进行度量，然而这些指标难免会产生内生性问题。再者，实证文献中社会网络的度量主要涉及其规模，因数据的天然缺陷也缺乏对社会网络强度的度量。因此，实证上有待进一步的丰富和补充。

另外，社会网络因信息共享、提供担保或风险分担的角色，在资源配置和形成非正式制度方面发挥着重要作用，能够弥补正式制度发展不足的缺陷。但这种非正式制度的作用在正式制度的发展过程中将发生怎样的变化？这一问题对理解正式制度与非正式制度之间的相互作用机制非常重要，遗憾的是这方面的文献还相对较少。尤其对于转型期的中国而言，经济体制改革过程中难免会渗透着非正式制度的作用，究竟是非正式制度（如社会网络）起主导作用，还是正式制度（如正规金融、村庄选举等）更为重要？二者之间相互补充还是相互替代的关系探讨，是一项值得研究、亟待弥补的重要工作。

本章参考文献

［1］边燕杰，张文宏．经济体制、社会网络与职业流动．中国社会科学，2001（1）：77 - 89.

［2］陈钊，陆铭，佐藤宏．谁进入了高收入行业？——关系、户籍与生产率的作用．经济研究，2009（10）：121 -

132.

[3] 郭云南，张琳弋，姚洋．宗族网络、融资与农民自主创业．金融研究，2013（9）：136 - 149.

[4] 郭云南，姚洋，Jeremy Foltz. 正式与非正式权威，问责与平滑消费：来自中国村庄的经验数据．管理世界，2012（1）：67 - 78.

[5] 郭云南，姚洋．宗族网络与农村劳动力流动．管理世界，2013（3）：69 - 81.

[6] 郭云南，姚洋，Jeremy Foltz. 宗族网络与村庄收入分配．管理世界，2014（1）：73 - 89.

[7] 费孝通．乡土中国　生育制度，北京：北京大学出版社，1998.

[8] 甘犁，徐立新，姚洋．村庄治理、融资与消费保险：来自 8 省 49 村的经验数据．中国农村观察，2007（2）：2 - 13.

[9] 贺雪峰．中国村治模式：若干案例研究．济南：山东人民出版社，2009 年 1 月第一版．

[10] 黄祖辉，刘西川，程恩江．贫困地区农户正规信贷市场低参与程度的经验解释．经济研究，2009（4）：116 - 128.

[11] 胡枫，陈玉宇．社会网络与农户借贷行为——来自

中国家庭动态跟踪调查（CFPS）的证据. 金融研究，2012（12）.

[12] 胡必亮．"关系"与农村人口流动. 农业经济问题，2004（11）：36 - 42.

[13] 李爽，陆铭，佐藤宏．权势的价值：党员身份与社会网络的回报在不同所有制企业是否不同？世界经济文汇，2008（6）：23 - 39.

[14] 李锐，李宁辉．农户借贷行为及其福利效果分析．经济研究，2004（12）：96 - 104.

[15] 李锐，朱喜．农户金融抑制及其福利损失的计量分析．经济研究，2007（2）：146 - 155.

[16] 李菁，林毅夫，姚洋．信贷约束、土地和不发达地区农户子女教育投资．中国人口科学，2002（6）：10 - 26.

[17] 林耀华．从人类学的观点考察中国宗族乡村．社会学界，1936（9）：13 - 24.

[18] 李培林．流动民工的社会网络与社会地位．社会学研究，1996（4）：42 - 52.

[19] 金烨，李宏彬．非正规金融与农户借贷行为．金融研究，2009（4）：63 - 79.

[20] 陆铭，李爽．社会资本、非正式制度与经济发展．管理世界，2008（9）：161 - 179.

[21] 刘莉亚，胡乃红，李基礼，柳永明，骆玉鼎．农户融资现状及其成因分析——基于中国东部、中部、西部千社万户的调查．中国农村观察，2009（3）：2 - 10.

[22] 刘金海．家族、地缘与"城中村"的选举——湖北省武汉市一个城中村换届选举的实证研究．管理世界，2006（6）：63 - 70.

[23] 马光荣，杨恩艳．社会网络、非正规金融与创业．经济研究，2011（3）：83 - 94.

[24] 马晓青，朱喜，史清华．信贷抑制与农户投资回报——云南、宁夏农户调查案例分析．上海经济研究，2010（9）：63 - 73.

[25] 阮荣平，郑风田．市场化进程中的宗族网络与乡村企业．经济学（季刊），2012，12（1）.

[26] 彭玉生．当正式制度与非正式规范发生冲突：计划生育与宗族网络．社会，2009，29（1）.

[27] 史清华，万广华，黄珺．沿海与内地农户家庭储蓄借贷行为比较研究——以晋浙两省1986～2000年固定跟踪调查的农户为例．中国农村观察，2004（2）：26 - 33.

[28] 孙秀林．华南的村治与宗族——一个功能主义的分析路径．社会学研究，2011（1）.

[29] 肖唐镖．什么人在当村干部？——对村干部社会政

治资本的初步分析．管理世界，2006（9）：64 – 70.

[30] 杨汝岱，陈斌开，朱诗娥．基于社会网络视角的农户民间借贷需求行为研究．经济研究，2011（11）：116 – 129.

[31] 张爽，陆铭，章元．社会资本的作用随市场化进程减弱还是加强？来自中国农村贫困的实证研究．经济学季刊，2007，6（2）：539 – 560.

[32] 周群力，陆铭．拜年与择校．世界经济文汇，2009（6）：19 – 34.

[33] 赵剑治，陆铭．关系对农村收入差距的贡献及其地区差异——一项基于回归的分解．经济学季刊，2009，9（1）：363 – 390.

[34] 章元，陆铭．社会网络是否有助于提高农民工的工资水平？．管理世界，2009（3）：45 – 54.

[35] 章元，李锐，王后，陈亮．社会网络与工资水平——基于农民工样本的实证分析．世界经济文汇，2008（6）：73 – 84.

[36] 赵剑治，陆铭．关系对农村收入差距的贡献及其地区差异——一项基于回归的分解．经济学季刊，2009，9（1）：363 – 390.

[37] 朱喜，史清华，李锐．转型时期农户的经营投资行

为——以长三角 15 村跟踪观察农户为例. 经济学（季刊），2010，9（2）：713-730.

[38] 朱信凯，刘刚. 二元金融体制与农户消费信贷选择——对合会的解释与分析. 经济研究，2009（2）：43-55.

[39] 佐藤宏. 外出务工、谋职和城市劳动力市场——市场支撑机制的社会网络分析，载李实，佐藤宏主编. 经济转型的代价——中国城市失业、贫困、收入差距的经验分析，北京：中国财政经济出版社，2004 年。

[40] Attanasio, O., A. Barr, J. C. Cardenas, G. Genicot, and C. Meghir, 2012, "Risk Pooling, Risk Preferences, and Social Network", *American Economic Journal: Applied Economics*, Vol. 4, No. 2, pp. 134-167.

[41] Ambrus, A., M. Mobius, and A. Szeidl, "Consumption Risk-Sharing in Social Networks", Harvard University Working Paper, 2010.

[42] Angelucci, Manuela, Giacomo De Giorgi, Marcos Rangel and Imran Rasul, 2008, "Insurance in the Extended Family", University of Arizona Working Paper.

[43] Bassat Avi and Momi Dahan, 2010, "Social Identity and Voting Behavior", *Public Choice*, Vol. 160, No. 2, pp. 1-22.

[44] Banerjee, A., A. Chandrasekhar, E. Duflo, and M. Jackson, 2012, "The Diffusion of Microfinance", NBER Working Paper No. w17743.

[45] Bourdieu, Pierre, 1986, "the Forms of Social Capital", In Handbook of Theory and Research for the Sociology of Education, Edited by Richardson, John G., and C. T. Westport, Greenwood Press.

[46] Bian, Yanjie, 1997, "Bring Strong Ties Back in: Indirect Connection Bridge, and Job Search in China", *American Sociological Review*, Vol. 62, No. 2, pp. 266 – 285.

[47] Bian, Y. J. and J. R. Logan, 1996, "Market Transition and the Persistence of Power: The Changing Stratification System in Urban China", *American Sociological Review*, Vol. 61, No. 5, pp. 739 – 758.

[48] Bramoulle, Yann, and Rachel, Kranton, 2007, "Risk – Sharing Networks", *Journal of Economic Behavior and Organization*, Vol. 64, No. 2, pp. 275 – 294.

[49] Bloch, F., G. Genicot, D. Ray, 2008, "Informal Insurance in Social Networks", *Journal of Economic Theory*, Vol. 143, No. 2, pp. 36 – 58.

[50] Burt, Ronald, 1992, "*Structural Holes: the Social*

Structural of Competition", Cambridge MA: Harvard University Press.

[51] Chantarat, S., and C. Barrett, 2011, "Social Network Capital, Economic Mobility and Poverty Traps", *Journal of Economic inequality*, Vol. 2, No. 2, pp. 1 – 22.

[52] Coleman, James, 1990, "*the Foundations of Social Theory*", Cambridge, M. A.: Belknap Press of Harvard University Press.

[53] Coate, S., M. Ravaillon, 1993, "Reciprocity without Commitment: Characterization and Performance of Informal Insurance Arrangements", *Journal of Development Economics*, Vol. 40, No. 2, pp. 1 – 24.

[54] Chen, Zhao, Shiqing Jiang, Ming Lu and H. Sato, 2008, "How do Heterogeneous Social Interactions Affect the Peer Effect in Rural – Urban Migration: Empirical Evidence from China", LICOS Discussion Paper Series 227.

[55] Chen J. and Narisong Huhe, 2010, "Social Networks, Informal Accountability, and Public Goods Provision in Rural China: A Reassessment", APSA 2010 Annual Meeting Paper, No. 1658593.

[56] Calvo – Armengol, A., M. Jackson, 2004, "The

Effect of Social Network on Employment and Inequality", *American Economic Review*, Vol. 94, No. 3, pp. 426 – 454.

[57] De Weerdt, Joachim, and Dercon Stefan, 2006, "Risk – Sharing Networks and Insurance against Illness", *Journal of Development Economics*, Vol. 81, No. 2, pp. 337 – 356.

[58] Dolfin, Sarah, and Garance Genicot, 2010, "What Do Networks Do? The Role of Networks on Migration and 'Coyote' Use", *Review of Development Economics*, Vol. 14, No. 2, pp. 343 – 359.

[59] Emirbayer, M. and J. Goodwin, 1994, "Network Analysis, Culture, and the Problem of Agency", *American Journal of Sociology*, Vol. 99, pp. 1411 – 1454.

[60] Fafchamps, Marcel, and Gubert Flore, 2007, "Risk Sharing and Network Formation", *American Economic Review*, Vol. 97, No. 2, pp. 75 – 79.

[61] Fafchamps, M., and S. Lund, 2003, "Risk – Sharing Networks in Rural Phillipines". *Journal of Development Economics*, Vol. 71, No. 2, pp. 261 – 287.

[62] Freedman, Maurice, 1971, "*Chinese Lineage and Society: Fukien and Kwangtung*", London: Athlone Press.

[63] Freedman, Maurice, 2004, "*Lineage Organization*

in Southeastern China". Oxfordshire: Berg.

［64］Granovetter, Mark, 1973, "The Strength of Weak Ties", *American Journal of Sociology*, Vol. 78, No. 6, pp. 1360 – 1380.

［65］Grootaert, C., 1999, "Social Capital, Household Welfare and Poverty in Indonesia", World Bank Policy Research Working Paper No. 2148.

［66］Gajigo, O. and J. D. Foltz, 2010, "Ethnic Networks and Enterprise Credit: The Serahules of the Gambia", CAES & WAEA Joint Annual Meeting Working Paper.

［67］Huang, Xiyi, 1998, "Two-way Changes: Kinship in Contemporary Rural China", in Village Inc.: *Chinese Rural Society in the* 1990s, Edited by Christiansen, Flemming and Junzuo Zhang (ed.): Richmond, Curzon Press, pp. 177 – 192.

［68］Jacobs, Jane, 1961, "*The Death and Life of Great American Cities*", New York: Random House.

［69］Karlan, D., M. Mobius, T. Rosenblat, and A. Szeidl, 2009, "Trust and Social Collateral", *Quarterly Journal of Economics*, Vol. 124, No. 3, pp. 1307 – 1361.

［70］Karlan, D., 2007, "Social Connections and Group Banking", *the Economic Journal*, Vol. 117, pp. 52 – 84.

[71] Karlan, D. and J. Morduch, 2010, "Access to Finance", in Rodrik, Dani and M. Rosenzweig (Ed.), *Handbook of Development Economics*, Vol. 5.

[72] Kinnan, Cynthia and R. M. Townsend, 2012, "Kinship and Financial Networks, Formal Financial Access and Risk Reduction", *the American Economic Review*, Vol. 102, No. 3, pp. 289 - 293.

[73] Jalan, Jyotsna, and Martin Ravallion, 1999, "Are the Poor Less Well Insured? Evidence on Vulnerability to Income Risk in Rural China", *Journal of Development Economics*, Vol. 58, No. 1, pp. 61 - 81.

[74] Lin Nan, 1982, "Social Resources and Instrument Action", in Social Structure and Net Work Analysis, Edited by Marsden, Peter, Nan Lin, and Beverly Hills, CA: Sage Publications, Inc..

[75] Luke, Nancy, and Kaivan Munshi, 2007, "Social Affiliation and the Demand for Health Services: Caste and Child Health in South India", *Journal of Development Economics*, Vol. 83, No. 2, pp. 256 - 279.

[76] Mitchell, J., 1969, "The concept and use of social networks". In J. Mitchell (Eds), Social networks in urban situa-

tions. Manchester: Manchester University Press.

[77] Munshi, Kaivan, and Mark Rosenzweig, 2009, "Why is Mobility in India So Low? Social Insurance, Inequality, and Growth". NBER Working Paper No. w14850.

[78] Munshi, Kaivan, and Mark Rosenzweig, 2006, "Traditional Institutions Meet the Modern World: Caste, Gender, and Schooling Choice in a Globalizing Economy", *the American Economic Review*, Vol. 96, No. 4, pp. 1125 – 1252.

[79] Munshi, Kaivan, 2003, "Networks in the Modern Economy: Mexican Migrants in the U. S. Labor Market", *the Quarterly Journal of Economics*, Vol. 118, No. 2, pp. 549 – 599.

[80] Munshi, Kaivan, 2011, "Strength in Numbers: Networks as a Solution to Occupational Traps", *the Review of Economic Studies*, Vol. 78, No. 3, pp. 1 – 33.

[81] Munshi, Kaivan, and Mark Rosenzweig, 2008, "The Efficacy of Parochial Politics: Caste, Commitment, and Competence in India Local Governments", Economic Growth Center Discussion Paper No. 964.

[82] Mogues, T., M. R. Carter, 2005, "Social Capital and the Reproduction of Economic Inequality in Polarized Societies", *Journal of Economic Inequality*, Vol. 3, No. 3, pp. 193 –

219.

[83] McKenzie, D. and H. Rapoport, 2007, "Network Effects and the Dynamics of Migration and Inequality: Theory and Evidence from Mexico", *Journal of Development Economics*, Vol. 84, No. 2, pp. 1 – 24.

[84] Madison James, 1787, "Federalist 51", In the Federalist Papers, Eds. by Hanmilton Alexander, James Madison and John Jay, Published by Penguin Press.

[85] Maskin, Eric, and Jean Tirole, 2004, "The Politician and the Judge: Accountability in Government", the *American Economic Review*, Vol. 94, No. 4. pp. 1034 – 1054.

[86] Narayan, D. and L. Pritchett, 1999, "Cents and Sociability: Household Income and Social Capital in Rural Tanzania ", *Economic Development and Cultural Change*, Vol. 47, No. 4, pp. 871 – 897.

[87] Nee, V. , 1996, "The Emergence of A Market Society : Changing Mechanism of stratification in China", *American Journal of Sociology*, Vol. 101, No. 4, pp. 980 – 949.

[88] Rona – Tas, A. , 1994, "The First Shall be Last? Entrepreneurship and Communist Cadres in the Transition from Socialism", *American Journal of Sociology*, Vol. 100, No. 1,

pp. 40 – 69.

[89] Putnam, R. , R. Leonardi and R. Nanetti, 1993, "Making Democracy Work: Civic Tradition in Modern Italy". Princeton: Princeton University Press.

[90] Peng, Yusheng, 2004, "Kinship Networks and Entrepreneurs in China's Transitional Economy", *American Journal of Sociology*, Vol. 109, No. 5, pp. 1045 – 1074.

[91] Rosenzweig, Mark, 1988, "Risk, Implicit Contracts and the Family in Rural Areas of Low – In-come Countries", *the Economic Journal*, Vol. 98, No. 393, pp. 1148 – 1170.

[92] Rosenzweig, Mark, and Oded Stark, 1989, "Consumption – Smoothing, Migration, and Marriage: Evidence from Rural India", *Journal of Political Economy*, Vol. 97, No. 4, pp. 905 – 926.

[93] Samphantharak, Krislert and Robert M. Townsend, 2010, "Households as Corporate Firms: An Analysis of Household Finance Using Integrated Household Surveys and Corporate Financial Accounting", in Econometric Society Monograph 46. Cambridge, U. K. : Cambridge University Press.

[94] Townsend, M. Robert, 1994, "Risk and Insurance in Village India", *Econometrica*, Vol. 62, No. 3, pp. 539 –

592.

[95] Townsend, M. Robert, 1995, "Consumption Insurance: An Evaluation of Risk – Bearing Systems in Low – Income Economies", *the Journal of Economic Perspectives*, Vol. 9, No. 3, pp. 83 – 102.

[96] Tsai, L. Lily, 2007, *"Accountability without Democracy: Solidary Groups and Public Goods Provision in Rural China"*, Cambridge: Cambridge University Press.

[97] Watson, James, 1975, *"Emigration and the Chinese Lineage"*. Berkeley: University of California Press.

[98] Xu, Yiqing and Yang Yao, 2009, "Social Networks Enhance Grassroots Democracy: Surname Groups and Public Goods Provision in Rural China", CCER Working Paper.

[99] Zhang, Xiaobo and Guo Li, 2003, "Does Guanxi Matter to Nonfarm Employment?", *Journal of Comparative Economics*, Vol. 31, No. 2, pp. 315 – 331.

[100] Zhao, Yaohui, 2003, "The Role of Migrant Networks in Labor Migration: The Case of China", *Contemporary Economic Policy*, Vol. 21, No. 4, pp. 500 – 511.

第七章

农民合作社对农户正规与
非正规融资的影响研究
——基于社会网络的视角

第一节 研究背景

从 20 世纪 60 年代以来，发展中国家农村地区的信贷配给与金融抑制问题就受到了学者们的关注（Mckinnon，1973；Shaw，1973）[1-2]。中国有着规模庞大的农村人口，二元化结构、政府参与及利率管制下的农户融资问题引起了学界和政界的广泛关注。何广文（1999、2001）、朱喜等（2006）、李锐等（2007）、韩俊等（2007）、刘西川等（2009）、程恩江等（2010）、赵建梅等（2013）和余泉生等（2014）分别从信贷配给的类型和度量、信贷配给的程度和原因、信贷配给

的影响因素、信贷配给如何影响农户的福利等角度研究了该
问题，并指出应该从供给角度来推进金融深化、构建需求导
向型农村金融组织结构、完善金融组织的内部治理结构和经
营方式、推进农村金融机构多元化和利率市场化的步伐[3-11]。
我国政府也推出了一系列农村金融改革政策：包括放宽农村
地区银行业金融机构准入政策、深化农村信用社改革和进一
步推行利率市场化改革，这些政策无疑对增加农户信贷供给、
提高农村金融市场资源配置效率产生深远影响。

　　除了从正式制度上改善农户的融资环境外，社会网络作
为一种与市场经济资源配置方式并存的模式，在缓解我国农
村地区普遍存在的信贷约束问题方面也受到了广泛关注。但
是，之前的研究热点大多数集中于研究基于亲戚朋友关系、
党员关系等人际关系的社会网络对农户融资的影响（Guiso et
al.，2004；Feigenberg B. et al.，2010；胡枫等，2012；梁爽
等，2014；孙永苑等，2016）[12-16]，以基于业缘的合作社作
为社会网络的研究甚少。农民合作社是在以人际关系为核心
的传统文化土壤中产生和成长的[17]，尤其是我国目前还处于
发展阶段的合作社，其内部管理大都是基于人际关系和信任，
不像北美新一代合作社，依赖于专业化的委托代理合约。因

此，合作社本身就是一种基于社会资本①的组织（Valentinov，2004），还有学者将合作社视为社会资本的代理人（Chloupko-va et al.，2003）[18-19]，我国学者近几年也指出了基于业缘、血缘、地缘和亲缘发展起来的本土化合作组织在农户融资中的"类金融中介"功能[20-21]。本章在前人研究的基础上，进一步研究合作社作为一种社会网络，对农户正规及非正规融资能力的影响，这对弥补该领域的研究空白，解决农户融资难问题有一定的理论与实践意义。

第二节　数据来源及样本描述性统计分析

本研究所用数据来源于北京大学国家发展研究院于2009 年开展的"中国农村金融调查"专项入户调研数据，调研选择黑龙江、湖南、云南 3 省 9 县 81 村的 1 951 户农户作为调查对象，三个省份都是中等经济发展水平，处于经济和社会发展的转型时期，能够较好的代表目前我国农

---

　　① 对社会网络的理解最初贯穿于社会资本的研究中，强调社会网络作为一种社会资本的内在特性。最早在社会资本理论研究中提出社会网络的是雅各布斯（Jacobs，1961），他将"邻里关系网络"作为社会资本进行城市社区的研究，这种将社会网络视为社会资本的研究方法一直被沿用至今，并且成为当前社会资本的主要研究范式之一（边燕杰，2004）。

户社会网络关系的现状。调研的信息包含了农户的收入、消费、社会网络、金融需求、金融机构借贷、民间借贷、资金使用情况等。基于此调研数据，我们对样本相关信息进行描述性统计分析。

一、样本合作社特征的描述性统计分析

调研的 81 个样本村中合作社总数为 206 家。其中，种植类合作社约占 99%，养殖类占比约 1%。因资金互助合作组织对农户正规融资的影响可以分为替代和互补两种效应[22-23]，且研究结论不一。因此，本节中的合作社仅指农业种养殖类合作组织，资金互助合作组织与小额贷款公司作为控制变量。

二、样本农户特征的描述性统计分析

在调研的 1 951 户农户中（见表 7-1），有信贷需求的农户为 1 020 户，占比 52.28%。其中，获得贷款的农户有 839 户，占比 82.25%。从借款渠道来看，获得正规信贷的有 241 户，获得民间借贷的有 641 户。分别占比 28.72% 和 76.4%。

表7-1　　　　调查期内样本农户信贷需求分析

		户	%
是否需要借钱?	是	1 020	52.28
	否	931	47.72
如果需要借钱，借到钱了吗?	是	839	82.25
	否	181	17.75
如果借到了，实际借款的渠道	正规机构	241	28.72
	民间	641	76.40

注：借到钱的农户中，有43户同时从正规机构和民间借款。

从农户各融资渠道的需求与供给①来看（见表7-2），对正规机构（银行、信用社和邮储）有融资需求的农户为312户，其中，241户获得信贷供给，占比77.24%；对正规机构的资金需求额平均为8 254.02元，供给额7 433.02元，占比90.05%。对民间融资有需求的农户为773户，其中，641户获得信贷供给，占比82.92%；对民间融资的需求额平均为17 599.33元，供给额平均为15 164.56元，占比86.17%。

表7-2　调查期内样本农户融资渠道与可获得性分析

	有融资需求	%	获得融资供给	%	供需户占比(%)	信贷需求金额	%	获得信贷供给金额	%	供需金额占比(%)
正规机构	312	30.59	241	28.72	77.24	8 254.02	31.93	7 433.015	32.89	90.05

---

① 这里的供给指获得信贷的农户。

	有融资需求	%	获得融资供给	%	供需户占比（%）	信贷需求金额	%	获得信贷供给金额	%	供需金额占比（%）
民间	773	75.78	641	76.40	82.92	17 599.33	68.07	15 164.56	67.11	86.17
合计	1 020		839		82.25	25 853.35	100	22 597.57	100	87.41

注：在需求户中，有 65 户同时从正规机构和民间借款；在供给户中，有 43 户同时从正规结构和民间获得借款。

第三节　实证分析

本研究分别采用需求可识别双变量 Probit 模型和联立方程组模型来解决需求和供给效应的分离问题。这两种估计方法可以包括借款者和非借款者在内所有样本的信息，从而避免了有偏估计。

一、计量模型的设定

我们用 y_D 表示农户的信贷需求，y_S 表示信贷供给；y_D^* 和 y_S^* 分别表示信贷需求和正供给的隐藏变量，其表达式如下：

$$y_D^* = X_D\beta_D + SN_D\gamma_D + \varepsilon_D$$

$$y_S^* = X_S\beta_S + SN_S\gamma_S + \varepsilon_S \qquad (1)$$

式（1）中，X_D 和 X_S 分别为影响信贷需求和信贷供给的外生变量（向量），γ_D 和 γ_S 是待估计参数向量；假设误差项 ε_D 和 ε_S 服从联合正态分布，记为 ε_D，$\varepsilon_S \sim BVN(0, 0, 1, 1, \rho)$ ρ 是 ε_D 和 ε_S 的相关系数。y_D^* 和 y_S^* 是不可观察的，它们与 y_D 和 y_S 的关系由以下规则确立：

$$Y_D = \begin{cases} 1 & y_D^* > 0 \\ 0 & y_D^* \leqslant 0 \end{cases} \qquad y_S = \begin{cases} 1 & y_S^* > 0 \\ 0 & y_S^* \leqslant 0 \end{cases} \tag{2}$$

需求可识别双变量 Probit 模型在形式上可以表示为：

$$\Pr(y_D = 1) = \Pr(y_D^* > 1) = \Pr(\varepsilon_D > -x_D\beta_D) \tag{3}$$

$$\Pr(y_S = 1 \mid y_D = 1) = \Pr(y_S^* > 0) = \Pr(\varepsilon_S > -x_S\beta_S) \tag{4}$$

对方程（3）和（4）采用极大似然法进行联合估计，其对数似然函数表示如下：

$$\begin{aligned} \ln L(\beta_1, \beta_2, \rho) = \sum_{i=1}^{N} & \{ y_D y_S \ln F(X_D\beta_D, X_S\beta_S; \rho) \\ & + y_D(1 - y_S)\ln[\Phi(X_D\beta_D) \\ & - F(X_D\beta_D, X_S\beta_S; \rho)] \\ & + (1 - y_D)\ln\Phi(-X_D\beta_D) \} \end{aligned}$$

二、变量设置

（一）因变量

为了有效识别社会网络对农户融资的影响，本节分别从信贷需求和供给角度设置了需求方程和供给方程，需求方程的因变量是农户是否有信贷需求，供给方程的因变量为农户是否获得贷款。本节中有正规信贷需求的农户为 312 户，其中获得正规信贷供给的为 241 户；有民间信贷需求的农户为 773 户，其中获得民间信贷供给的为 641 户。

（二）自变量设定和方程的识别

自变量中关键变量的设定，本节使用本村所包含的农业合作社数量来衡量该村社会网络的强度。使用"除本村外其他村合作社数量的平均值"作为工具变量。我们选取工具变量的考虑基于如下：第一，社会网络具有一定的互动性，同一社区（村）的家庭有产生联络的基础（Fan，2002）[24]，因此，社区内其他家庭的平均社会网络会影响家庭自身的社会网络，第二，在控制了社区固定效应后，家庭获得信贷与否不受社区（村）内其他家庭平均关系水平的影响，表 7 - 3 的弱工具变量检验证明了这一点。

表 7 - 3　　　　　　　　内生性、弱工具变量检验

变量	回归	内生性检验 Wald 检验 p 值	弱工具变量检验 Wald 检验 F 统计量
信贷供给	2SLS	0.025	18.984
信贷需求	2SLS	0.019	19.774

我们的其他控制变量包括家庭基本情况、户主信息、家

庭的消费结构、家庭所在村的情况以及县级虚拟变量。其中，家庭的基本状况包括纯收入、总资产、劳均土地规模、家庭规模（人口数）、家庭人口抚养比；户主的基本特征包括：户主的受教育年限、年龄；家庭的消费结构包括耐用消费品支出占比、教育支出占比、医疗支出占比、建房支出占比。已有研究表明，家庭的基本特征和户主的情况影响家庭的信贷行为[25]。为了控制地区差异（如经济发展水平、金融可得性、风俗习惯等）对农户借贷的影响，本节还加入了县级虚拟变量和村级虚拟变量（包括住所离所在乡镇的距离、村所在乡镇有银行或信用社、本村所在乡镇是否有小额贷款公司）。

关于联立方程组的识别问题，我们用"家庭中是否有长期患病者"和"住所离所在乡镇的距离"来识别供给方程。家庭中是否有长期患病者可以识别农户因治病产生的对正规贷款的需求，相对而言，健康状况对正规信贷机构是不可观察的，因而在其供给决策中不是很重要；变量"住所所在乡镇的距离"显然独立于影响信贷需求的因素，但对正规信贷供给可能有一定影响（我们假设距离越远，正规金融机构越不愿意贷给该农户）。

三、回归结果分析

本节分别使用需求可识别双变量 probit 模型与联立方程组模型（SEM），来估计合作社作为一种基于业缘的社会网络，对农户正规与非正规信贷的影响，并分别将合作社社会网络变量作为外生和内生变量来回归，从所有回归结果都可以看出，合作社社会网络对农户正规与非正规信贷均有显著影响。

从表 7 - 4 的回归结果中可以看出，村合作社数量增加 1 单位（以表 7 - 4 回归结果 1 为例），对非正规信贷的需求增加 0. 99%，供给增加 1. 25%；从表 5 的回归结果中可以看出，村合作社数量增加 1 单位（以表 7 - 5 回归结果 1 为例），对正规信贷的需求增加 1. 81%，供给增加 1. 57%。表 7 - 4 和表 7 - 5 的回归结果 2 与 3 是控制了内生性之后的回归结果，研究结论与回归结果 1 一致。表明在正规信贷市场以国有银行为主导、利率管制和政策性贷款存在的背景下，随着家庭拥有社会网络程度的提升，其金融资源的参与性与获得性也在增加。本村拥有合作社的数量代表了该村社会网络的密度，而高密度的社会网络有助于约束个人遵从团体规范（边燕杰，2004）[26]，从而降低了家庭在信贷过程中的履约风险。

表 7－4　　　　　合作社对农户非正规借贷的影响

变量名称	合作社社会网络变量外生（Biprobit 模型）		合作社社会网络变量内生（Biprobit 模型）		合作社社会网络变量内生（SEM 模型）		
	需求	供给	需求	供给	需求	供给	合作社
本村农业生产合作社的个数	0.0129*** [0.004]	0.0124** [0.005]	0.0099** [0.004]	0.0125** [0.005]	0.0039** [0.002]	0.0026* [0.002]	
家庭人口数	0.0576*** [0.019]	0.0321 [0.022]	0.0581*** [0.019]	0.032 [0.022]	0.0197** [0.008]	0.0093 [0.007]	-0.0554 [0.039]
家庭人口抚养比	0.0281 [0.032]	0.028 [0.033]	0.0282 [0.032]	0.028 [0.033]	0.0091 [0.012]	0.0111 [0.011]	0.0416 [0.059]
户主年龄	-0.0181*** [0.003]	-0.0144*** [0.003]	-0.0182*** [0.003]	-0.0143*** [0.003]	-0.0066*** [0.001]	-0.0047*** [0.001]	0.0032 [0.005]
户主受教育年限	-0.0229** [0.011]	-0.0250** [0.010]	-0.0230** [0.011]	-0.0250** [0.010]	-0.0087** [0.004]	-0.0079** [0.003]	0.0089 [0.017]
家庭在 2008 年是否经营农业生产	-0.1659* [0.093]	-0.2203** [0.109]	-0.1664* [0.093]	-0.2202** [0.109]	-0.0629* [0.035]	-0.0657** [0.033]	-0.202 [0.176]
家庭总资产的对数	0.0291** [0.012]	0.0147 [0.013]	0.0291** [0.012]	0.0147 [0.013]	0.0101** [0.004]	0.0035 [0.004]	-0.0249 [0.020]

续表

变量名称	合作社社会网络变量外生（Biprobit 模型）		合作社社会网络变量内生（Biprobit 模型）		合作社社会网络变量内生（SEM 模型）		
	需求	供给	需求	供给	需求	供给	合作社
劳均土地规模（亩）	-0.0096** [0.005]	-0.0088 [0.006]	-0.0097** [0.005]	-0.0089 [0.006]	-0.0035* [0.002]	-0.0029 [0.002]	-0.0174 [0.011]
耐用品消费支出占比（%）	0.0004 [0.005]	-0.0005 [0.005]	0.0003 [0.005]	-0.0005 [0.005]	0.0002 [0.001]	-0.0004 [0.001]	-0.0012 [0.007]
教育支出占比（%）	0.0079*** [0.003]	0.0115*** [0.003]	0.0079*** [0.003]	0.0115*** [0.003]	0.0030*** [0.001]	0.0039*** [0.001]	0.0038 [0.005]
医疗支出占比（%）	0.0112*** [0.002]	0.0130*** [0.002]	0.0112*** [0.002]	0.0130*** [0.002]	0.0041*** [0.001]	0.0044*** [0.001]	0.0002 [0.003]
建房支出占比（%）	0.0126*** [0.002]	0.0142*** [0.002]	0.0126*** [0.002]	0.0142*** [0.002]	0.0046*** [0.001]	0.0051*** [0.001]	-0.004 [0.003]
农业收入占比（%）	0.0024** [0.001]	0.0026** [0.001]	0.0024*** [0.001]	0.0026** [0.001]	0.0008*** [0.000]	0.0008*** [0.000]	-0.0012 [0.001]
自营工商业收入占比（%）	-0.0002 [0.000]	-0.0006 [0.001]	-0.0002 [0.000]	-0.0006 [0.001]	0 [0.000]	-0.0001 [0.000]	0.0002 [0.001]

续表

变量名称	合作社社会网络变量外生（Biprobit模型）		合作社社会网络变量内生（Biprobit模型）		合作社社会网络变量内生（SEM模型）		
	需求	供给	需求	供给	需求	供给	合作社
2007年底是否有自营工商业	-0.1486 [0.108]	-0.0545 [0.126]	-0.1509 [0.108]	-0.0526 [0.126]	-0.0547 [0.037]	-0.0179 [0.035]	0.2494 [0.184]
家庭中健康差的人员占比（%）	-0.0009 [0.001]		-0.0009 [0.001]		-0.0002 [0.000]		
本村所在乡镇是否有小额贷款公司	-0.2373** [0.113]	-0.1609 [0.117]	-0.2408** [0.113]	-0.1627 [0.117]	-0.0840** [0.037]	-0.0596* [0.035]	
信用社是否在本村发放贷款证或信用证	-0.2644*** [0.088]	-0.3753*** [0.092]	-0.2660*** [0.088]	-0.3764*** [0.092]	-0.0917*** [0.025]	-0.1290*** [0.023]	
信用社是否在本村推广小额联保	0.1481* [0.084]	0.1222 [0.095]	0.1519* [0.084]	0.1258 [0.096]	0.0543** [0.026]	0.0473* [0.024]	
截至2007年底是否拥有未还正规贷款	0.5795*** [0.188]	0.6171*** [0.159]	0.5944*** [0.186]	0.6151*** [0.158]	0.2171*** [0.068]	0.2210*** [0.064]	
村庄内部及附近村庄是否有资金互助社	0.0713 [0.094]	0.1481 [0.104]	0.0952 [0.099]	0.1706 [0.107]	0.0198 [0.115]	0.077 [0.109]	

续表

变量名称	合作社社会网络变量外生（Biprobit 模型）		合作社社会网络变量内生（Biprobit 模型）		合作社社会网络变量内生（SEM 模型）		
	需求	供给	需求	供给	需求	供给	合作社
住所离所在乡镇的距离（公里）		-0.0002 [0.020]		-0.0006 [0.020]		0.0009 [0.006]	
村合作社平均数量（本村除外）							0.0501 [0.041]
athrho	13.5228*** [0.670]		19.2192*** [4.205]				
Constant	0.5773** [0.291]	0.3026 [0.298]	0.5802** [0.292]	0.3015 [0.301]	0.7157*** [0.092]	0.5726*** [0.087]	22.8361*** [0.434]
Observations	1 846	1 846	1 846	1 846	1 846	1 846	1 846
R-squared					0.109	0.116	0.915

注：*** p < 0.01，** p < 0.05，* p < 0.1。

表7-5　　合作社对农户正规借贷的影响

变量名称	合作社社会网络变量外生（Biprobit模型）		合作社社会网络变量内生（Biprobit模型）		合作社社会网络变量内生（SEM模型）		
	需求	供给	需求	供给	需求	供给	合作社
本村农业生产合作社的个数	0.0181 *** [0.006]	0.0157 ** [0.008]	0.0216 *** [0.006]	0.0175 ** [0.008]	0.0055 *** [0.001]	0.0028 ** [0.001]	
家庭人口数	0.0473 * [0.028]	0.0374 [0.030]	0.0460 * [0.027]	0.037 [0.029]	0.0097 [0.007]	0.0031 [0.006]	-0.0761 * [0.044]
家庭人口抚养比	-0.0692 [0.053]	-0.0975 [0.067]	-0.067 [0.053]	-0.0976 [0.066]	-0.009 [0.011]	-0.0117 [0.009]	0.0168 [0.065]
户主年龄	-0.0173 *** [0.004]	-0.0167 *** [0.004]	-0.0171 *** [0.004]	-0.0165 *** [0.004]	-0.0042 *** [0.001]	-0.0031 *** [0.001]	0.0064 [0.006]
户主受教育年限	0.01 [0.012]	-0.014 [0.013]	0.0117 [0.012]	-0.0135 [0.013]	0.0016 [0.003]	-0.0033 [0.003]	0.0109 [0.019]
家庭中健康差的人员占比（%）	-0.0012 [0.001]		-0.0012 [0.001]		-0.0002 [0.000]		
家庭在2008年是否经营农业生产	-0.2342 ** [0.101]	-0.2393 * [0.143]	-0.2265 ** [0.102]	-0.2345 [0.143]	-0.0429 [0.030]	-0.0395 [0.025]	-0.0441 [0.190]

续表

变量名称	合作社社会网络变量外生（Biprobit 模型）		合作社社会网络变量内生（Biprobit 模型）		合作社社会网络变量（SEM 模型）		
	需求	供给	需求	供给	需求	供给	合作社
2007 年底是否有自营工商业	-0.0007 [0.102]	0.1009 [0.130]	0.0007 [0.101]	0.096 [0.122]	-0.0031 [0.027]	0.0161 [0.022]	0.0937 [0.164]
2007 年底生产性固定资产自然对数	0.0083 [0.012]	0.0114 [0.013]	0.0103 [0.012]	0.0126 [0.012]	0.0024 [0.003]	0.001 [0.002]	0.0251 [0.018]
劳均土地规模（亩）	0.0064 [0.009]	0.0165 [0.010]	0.0062 [0.009]	0.0162 [0.011]	0.0015 [0.002]	0.0029*** [0.001]	-0.0184 [0.012]
2007 年纯收入（千元）	-0.0005 [0.001]	-0.0001 [0.001]	-0.0005 [0.001]	0 [0.001]	-0.0001 [0.000]	0 [0.000]	0.0002 [0.001]
耐用品消费支出占比（%）	0.0043 [0.005]	0.0086* [0.005]	0.0044 [0.005]	0.0087* [0.005]	0.0011 [0.001]	0.0019 [0.001]	-0.0044 [0.009]
教育支出占比（%）	-0.0024 [0.003]	-0.0025 [0.004]	-0.0021 [0.003]	-0.0023 [0.004]	-0.0007 [0.001]	-0.0007 [0.001]	0.0048 [0.005]
医疗支出占比（%）	0.0037 [0.003]	0.0016 [0.003]	0.0038 [0.002]	0.0015 [0.003]	0.0008 [0.001]	0 [0.001]	0.0012 [0.004]

续表

变量名称	合作社社会网络变量外生（Biprobit 模型）		合作社社会网络变量内生（Biprobit 模型）		合作社社会网络变量内生（SEM 模型）		
	需求	供给	需求	供给	需求	供给	合作社
建房支出占比（%）	0.0045 ** [0.002]	0.0031 [0.002]	0.0044 ** [0.002]	0.003 [0.002]	0.0013 ** [0.001]	0.0004 [0.000]	-0.0035 [0.003]
农业收入占比（%）	0.0004 [0.001]	0.0006 [0.000]	0.0004 [0.001]	0.0006 [0.000]	0.0001 [0.000]	0.0002 [0.000]	-0.0005 [0.001]
自营工商业收入占比（%）	0.0001 [0.001]	0.0008 [0.001]	0.0001 [0.001]	0.0008 [0.001]	0.0001 [0.000]	0.0002 [0.000]	-0.0005 [0.001]
村庄内部及附近村庄是否有资金互助社	-0.6345 *** [0.135]	-0.0853 [0.135]	-0.5650 *** [0.133]	-0.0412 [0.139]	-0.1171 [0.131]	0.0018 [0.109]	
本村所在乡镇是否有小额贷款公司	0.3577 ** [0.139]	0.5446 *** [0.175]	0.3696 ** [0.144]	0.5474 *** [0.167]	0.0999 *** [0.033]	0.1289 *** [0.028]	
信用社是否在本村发放贷款证或信用证	0.5329 *** [0.107]	0.5584 *** [0.135]	0.5381 *** [0.105]	0.5562 *** [0.137]	0.1343 *** [0.022]	0.0905 *** [0.018]	
信用社是否在本村推广小额联保	-0.0181 [0.123]	0.0529 [0.157]	0.0022 [0.124]	0.0601 [0.152]	-0.0062 [0.023]	0.0118 [0.019]	

续表

变量名称	合作社社会网络变量外生（Biprobit 模型）		合作社社会网络变量内生（Biprobit 模型）		合作社社会网络变量内生（SEM 模型）		
	需求	供给	需求	供给	需求	供给	合作社
截至 2007 年底是否拥有未还正规贷款	0.1169 [0.248]	0.31 [0.239]	0.1087 [0.241]	0.3113 [0.237]	0.0436 [0.060]	0.0936* [0.050]	
住所离所在乡镇的距离（公里）		0.0468*** [0.015]		0.0478** [0.020]		0.0145*** [0.005]	
村合作社平均数量（本村除外）							0.6972*** [0.192]
athrho	15.5507*** [4.141]		15.1202*** [1.176]				
Constant	-0.5448* [0.317]	-0.9030** [0.376]	-0.6082* [0.325]	-0.9303** [0.377]	0.2730*** [0.082]	0.2091*** [0.069]	21.5419*** [0.544]
Observations	1 627	1 627	1 627	1 627	1 627	1 627	1 627
R - squared					0.077	0.075	0.914

注：*** p < 0.01，** p < 0.05，* p < 0.1。

对于非正规信贷：除社会网络外，家庭特征，如家庭教育支出占比、医疗支出占比、建房支出占比和家庭农业收入占比对其非正规信贷需求和供给有显著正向影响，家庭截至2007年底是否拥有未还正规贷款也对非正规信贷需求和供给有显著正向影响，这一方面说明非正规信贷需求和供给的发生是基于农户日常的生产和生活活动的，且家庭拥有未还的正规信贷并不影响农户非正规信贷的获得；另一方面，家庭农业收入占比对农户民间借贷需求有显著正向影响，农业收入占比高的家庭一般以务农为主业，而农业生产的资金需求量一般较小，频数较高，满足民间借贷的特征。户主年龄、户主受教育年限、家庭在2008年是否经营农业生产、信用社是否在本村发放贷款证或信用证对非正规信贷需求和供给有显著负向影响，一方面说明非正规信贷并不是受教育程度高的人的主要融资来源，且非农经营的人群获得可能性更高；另一方面，随着正规信贷供给的增加，非正规信贷的数量将会有所下降。正规信贷对非正规信贷有一定的替代和挤出效应。

对于正规信贷而言：户主年龄对正规信贷需求与供给的影响都显著为负，与非正规信贷的研究结论一致。本村所在乡镇是否有小额贷款公司对农户的正规信贷需求和供给有显著正向影响，以往研究表明，民间借贷与正规信贷之间可能存在替代和互补两种效应（Jain，1999；杨汝岱等，2011）[22-23]，本研究发现，小额贷款公司对正规借贷的互补效应大于替代效应，小额贷款公司的设立以服务"三农"为宗旨，其经营范围必须是本县（市、区）域内的"小企业"和农户，从风险控制和盈利的角度来说，我们推测"设有小额贷款公司"的村镇，其金融生态环境较好，且信贷活动较为活跃，小额贷款公司对农户信用等方面信息的甄别和监督，有利于促进正规信贷的发生。信用社是否在本村发放贷款证或信用证对农户正规信贷需求和供给的影响显著为正，这说明加快信用体系建设、建设良好的金融生态环境，对于正规信贷供给的重要性。此外，建房支出占比对正规信贷的需求影响显著为正，相比较于教育支出与医疗支出，建房支出的金额大，次数少，更符合正规信贷的特征。我们预期随着国务院"两权"抵押试点的展开①，房产也会成为影响农户正规信贷可得性的重要变量。住所离所在乡镇的距离、家庭耐用消费品支出占比对正规信贷的获得有正向影响，家庭耐用消费品购买取决于农户收入以及与家电等耐用消费品配套的基础设施完善程度等原因（荣昭等，2002）[27]，因此，我们

---

① 2015年8月24日，国务院印发了《关于开展农村承包土地的经营权和农民住房财产权抵押贷款试点的指导意见》，明确开展农村承包土地的经营权和农民住房财产权（以下统称"两权"）抵押贷款试点。

可以推断耐用消费品支出份额较高的家庭就是那些收入较高、更容易获得正规信贷支持的家庭。此外，为扩大农村耐用消费品的需求，各地农信社针对农户的消费贷款和农机贷款提供贷款尝试，这也为本章的研究结论提供了现实支撑。

第四节　结论与讨论

本章以基于业缘、血缘和地缘的合作社形成的社会网络为研究对象，分析了其对农户正规和非正规信贷的影响。在研究方法上，本章分别采取了需求可识别双变量 Probit 模型与联立方程组模型（SEM）。我们的研究发现，无论控制内生性与否，合作社形成的社会网络对农户的正规和非正规信贷均有正向影响，此外，家庭特征，如户主年龄，对农户的正规和非正规信贷都有显著负向影响，家庭的教育支出占比、医疗支出占比、建房支出占比和家庭农业收入占比对其非正规信贷需求和供给有显著正向影响，对正规信贷没有影响，说明非正规信贷需求和供给的发生是基于农户日常的生产和生活活动的，且家庭拥有未还的正规信贷并不影响农户非正规信贷的获得。信用社是否在本村发放贷款证或信用证对农户的正规信贷需求和供给有显著正向影响，说明加快信用体系建设、形成良好的金融生态环境对于正规信贷供给的重要性，而信用社是否在本村发放贷款证或信用证对农户非正规信贷需求和供给的影响显著为负，说明随着正规信贷供给的增加，非正规信贷的数量将会有所下降，正规信贷对非正规信贷的替代效应大于互补效应，本村所在乡镇是否有小额贷款公司对正规信贷的影响显著为正则在一定程度上说明了非正规信贷对正规借贷的互补效应大于替代效应。

由此可见：第一，农业合作社作为一种新型的农业组织制度，不仅在促进农业现代化方面发挥了重要作用，同时在村级社会网络的形成和村级信用体系建设方面也发挥了重要作用；第二，合作社形成的社会网络不仅在非正规信贷中起着降低违约风险（Karlan and Morduch，2010）[28]、缓解逆向选择和道德风险的问题（Karlan，2007；Banerjee et al.，2012）[29-30]，对于正规信贷而言，在目前农村信用体系建设尚不完善的背景下，也是金融机构衡量农户信用以及确定是否放贷的一个重要因素；第三，虽然我国信贷市场的市场化进程在不断推进，但在目前正规信贷市场以国有银行为主导、利率管制和政策性贷款存在的背景下，合作社形成的社会网络仍然对农户正规信贷市场的参与性与可获得性有显著影响；最后，本发现验证了（Valentinov，2004；Chloupkova et al.，2003）将合作社作为社会资本代理人的理论假设[18][31]，同时也有助于理解民间合作经济组织和现代金融制度之间的互动关系。本研究表明，充分发挥合作社社会网络在农村金融市场中的作用，对进一步深化农村金融体系改革具有一定的意义。

本章参考文献

[1] Mckinnon, R. I. Money and capital in economic development. Brookings Institution. 1973: 679 –702.

[2] Gurley J. G., Shaw E. S., Enthoven A. C. Money in a Theory of Finance 1984: 9 –46.

[3] 何广文. 中国农村金融供求特征及均衡供求的路径选择 [J]. 中国农村经济, 2001 (9): 14 –16.

[4] 何广文. 从农村居民资金借贷行为看农村金融抑制与金融深化 [J]. 中国农村经济, 1999 (10): 42 –48.

[5] 朱喜, 李子奈. 我国农村正式金融机构对农户的信贷配给——一个联立离散选择模型的实证分析 [J]. 数量经济技术经济研究, 2006, 23 (3): 37 –49.

[6] 李锐, 朱喜. 农户金融抑制及其福利损失的计量分析 [J]. 经济研究, 2007 (2): 130 –138.

[7] 韩俊, 罗丹, 程郁. 信贷约束下农户借贷需求行为的实证研究 [J]. 农业经济问题, 2007 (2): 44 –52.

[8] 刘西川, 程恩江. 贫困地区农户的正规信贷约束:

基于配给机制的经验考察 [J]. 中国农村经济, 2009 (6): 37 - 50.

[9] 程恩江, 刘西川. 小额信贷缓解农户正规信贷配给了吗?——来自三个非政府小额信贷项目区的经验证据 [J]. 金融研究, 2010 (12): 190 - 206.

[10] 赵建梅, 刘玲玲. 信贷约束与农户非正规金融选择 [J]. 经济理论与经济管理, 2013, V33 (4): 33 - 42.

[11] 余泉生, 周亚虹. 信贷约束强度与农户福祉损失——基于中国农村金融调查截面数据的实证分析 [J]. 中国农村经济, 2014 (3): 36 - 47.

[12] Guiso, L., P. Sapienza, and L. Zingales. The Role of Social Capital in Financial Development. American Economic Review, Vol 94, No 3, 2004, pp. 526 - 556.

[13] Feigenberg B, Field E M, Pande R. Building social capital through microfinance. National Bureau of Economic Research, 2010.

[14] 胡枫, 陈玉宇. 社会网络与农户借贷行为——来自中国家庭动态跟踪调查 (CFPS) 的证据. 金融研究, 2012 (12): 178 - 19.

[15] 梁爽, 张海洋, 平新乔, 等. 财富、社会资本与农户的融资能力. 金融研究, 2014 (4): 83 - 97.

[16] 孙永苑，杜在超，张林等. 关系、正规与非正规信贷 [J]. 经济学：季刊，2016（1）：597－626.

[17] 杨灿君. 关系运作对合作社获取外部资源的影响分析——基于对浙江省27家合作社的调查 [J]. 中国农村观察，2014（2）.

[18] Valentinov V. Toward a Social Capital Theory of Cooperative Organization. UK Society for Co-operative Studies，Vol 37，No 3，2004，pp. 5－20.

[19] Chloupkova J，Svendsen G L H，Svendsen G T. Building and destroying social capital：The case of cooperative movements in Denmark and Poland [J]. Agriculture and Human Values，2003，20（3）：241－252.

[20] 胡士华，武晨笛，许静林. 基于贷款监督技术的农户融资机制研究 [J]. 农业技术经济，2012（11）：10－18.

[21] 潘婷，何广文，王力恒. 合作组织改善农户融资条件的机理分析——基于金融中介功能视角 [J]. 农村金融研究，2015（8）：51－55.

[22] Jain S. Symbiosis vs. crowding-out：the interaction of formal and informal credit markets in developing countries [J]. Journal of Development Economics，1999，59（99）：419－444.

[23] 杨汝岱，陈斌开，朱诗娥. 基于社会网络视角的农

户民间借贷需求行为研究 [J]. 经济研究, 2011 (11): 116 – 129.

[24] Fan, Y. "Questioning guanxi; Definition, Classification and Implications", International business Review, 2002, 11 (5): 543 – 561.

[25] Yan Yuan, Ping G. Farmers' financial choices and informal credit markets in China [J]. China Agricultural Economic Review, 2012, 4 (2): 216 – 232.

[26] 边燕杰. 城市居民社会资本的来源及作用: 网络观点与调查发现 [J]. 中国社会科学, 2004 (3): 136 – 146.

[27] 荣昭, 盛来运. 中国农村耐用消费品需求研究 [J]. 经济学, 2002, 1 (3): 589 – 602.

[28] Karlan D., Morduch J., Mullainathan S. Take-up: Why Microfinance Take-up Rates Are Low & Why It Matters [J]. 2010.

[29] Karlan D., Zinman J. Expanding Credit Access: Using Randomized Supply Decisions to Estimate the Impacts [J]. Review of Financial Studies, 2007, 23 (1): 433 – 464.

[30] Banerjee A., Mukherjee A. K. Method to establish theoretical yield-grade relation for Indian iron ore slime through quantitative mineralogy. [J]. Minerals & Metallurgical Process-

ing, 2012, 29 (3): 144 – 147.

[31] Chloupkova J. , Svendsen G. L. H. , Svendsen G. T. Building and destroying social capital: The case of cooperative movements in Denmark and Poland. Agriculture & Human Values, Vol 20, No 3, 2003, pp. 241 – 252.

第八章

社会网络对农户正规信贷的影响

——基于双变量 Probit 模型和 SEM 模型的证据

第一节 引　　言

社会网络（俗称"关系"）是指"社会个体之间因为互动而形成的相对稳定的关联体系"[1]，国内外研究中常见的社会网络有印度基于种姓的社会网络、美国的俱乐部网络、部分非洲国家以种族为纽带的网络，以及中国基于地缘、血缘和业缘的乡村社会网络。以往研究发现，这些社会网络扮演着信息共享或信用担保的角色，可以分担风险和平滑消费[2]，促进劳动力迁移和就业[3]，并有利于减少贫困和降低收入分配差距等[4]。

近年来，国外关于社会网络与融资行为的研究非常丰富。

一类文献关注社会网络对融资行为的直接影响，如法肯姆普斯和伦德（Fafchamps and Lund，2003）指出社会网络可以增加融资机会[5]。另一类文献进一步研究了社会网络在正规或民间信贷市场中的作用渠道。研究发现，因信息不对称所导致的逆向选择、道德风险等问题是金融市场不完备的主要来源，社会网络则有利于缓解信息不对称问题。比如，不少研究发现社会网络可以共享信息。首先，社会网络中的成员往往居住邻近或交往频繁，相互监督成本很低，这有效缓解了道德风险问题[6]；其次，社会网络的成员彼此非常了解，低信用或高风险的成员可以被识别出来并被排除出信贷市场，这有效降低了逆向选择问题[7]；最后，社会网络能够实施一定的社会制裁，使得违约者遭受声誉损失，进而降低违约的可能性。除信息共享外，社会网络还能为融资行为提供一种隐性担保[8]，使得网络成员获得更多融资机会。还有学者分析了非洲国家基于种族的社会网络在企业融资中的重要角色（Gajigo and Foltz，2010）[9]。他们发现，来自大种族的企业家，利用其背后的种族网络，可以扩大融资渠道进而缓解投资的信贷约束。

国内研究对农户借贷及投资行为关注较多，特别是农村金融改革以来，大量文献分析农户借贷行为及其表现形式。借贷行为需要解决信息不对称问题，农民通常以土地作为担保进行借贷。在农村信贷市场上，私人贷款者可以更好地评估借款者的信用级别、收入冲击及借款偿还的可能性，而银行或农村信用合作社往往缺乏这方面的信息，可能要求借款者提供更多的抵押品或给予更高的贷款利率，于是私人融资能在一定程度上对正规融资形成替代，非正式借贷形式比正式借贷形式更加普遍[10][11]。近年来，国内少数文献开始从社会网络的视角关注农户的融资行为。在正规金融制度发展缓慢的情况下，因社会网络可以缓解信息不对称所带来的种种问题，从而使其在农村非正规信贷市场中发挥着重要作用。杨汝岱（2009）的研究表明，基于亲缘关系的社会网络对农户的非正规借贷有显著影响[12]。马光荣（2011）的研究进一步表明基于亲缘的社会网络有利于农户的非正规借贷及创业[13]。童馨乐（2011）从政治关系、邻里关系、农民专业合作组织关系和正规金融机构关系四个维度研究了社会网络对农户借贷机会和实际借贷额的影响[14]。不过，上述研究没有区分或者单独考察社会网络对农户正规信贷的影响。考虑到正规借贷与非正规借贷对农户生产经营的影响后果可能并不一样[15]，比如非正规信贷一般用于农户的日常生活，正规信贷往往用于生产性用途，从而对农村地区的经济发展更为重要。梁爽等（2014）的研究虽然区分了社会网络对农户正规和非正规融资的影响[16]，但该文仅从供给角度研究了社会网络对农户信贷可得性以及实际借贷额度的影响，考虑到社会网络可能同时对农户的融资需求产生影响，如果不控制融资需求，难免会产生估计偏差；换言之，社会网络除了从供给角度缓解了农户的信贷约束外，是否也会影响农户的信贷需求，激发农户释放潜在的信贷需求进而促进农村消费市场的发展。本章在此方面进行改进，同时考虑社会网络对农户信贷供给和信贷需求的影响，可得出更全面的结论。在研究方法上，本章分别采用需求可识别双变量 Probit 模型和联立方程组模型（SEM）两种方法，在将农户融资需求和供给有效分离的同时，检验结论的稳健性。

在社会网络的度量方面，已有文献选择"亲友间的礼金往来""需要时可提供帮助的亲友数量"等行为指标，这些指标在调查时难免会存在主观偏误，在估计中也存在内生性问题[17]。相比较而言，政治身份（如是否为中共党员）与行政职务（如是否担任干部）所表示的社会网络虽然不能消除内生性问题，但其政治身份和行政职务是客观存在的变量，可以避免主观性偏误，且被证明可能会为自己与其他家庭成员带来一定的好处[18]。此外，已有文献仅从其中一个维度研究了社会网络对农户正规信贷的作用，没有综合考虑个体与个体之间以及个体与组织之间社会网络的不同影响。本章选取一家之主（户主）的政治身份（是否为中共党员）与行政职务（是否担任干部）来衡量家庭层面社会网络，选取行政村所包含的农业生产合作社的数量来衡量村级层面社会网络，以综合考虑不同层面社会网络对农户正规信贷的影响，这是本章的另一创新之处。农业合作社是在以人际关系为核心的传统文化土壤中产生和成长的[19]，尤其是我国目前还处于发展阶段的合作社，其内部管理大多是基于人际关系和信任，不像北美新一代合作社，依赖于专业化的委托代理合约。因此，合作社本身就是一种基于社会资本的组织[20]。克洛普考瓦等（Chloupkova et al.，2003）将合作社视为社会资本的代理人[21]，我国学者近几年也指出了基于业缘、血缘、地缘和亲缘发展起来的本土化合作组织在农户融资中的"类金融中介"功能[22]。

第二节 模 型 设 定

在正规信贷市场上，农户和正规信贷机构各自面临一个二元决策问题（农户需确定是否申请贷款，信贷机构需确定是否对该农户发放贷款），农户与正规信贷机构之间的相互作用可产生四种结果："有需求，有供给""有需求，无供给""无需求，有供给"和"无需求，无供给"。为了避免通常研究中只考虑有需求和有供给的情形，而忽视了其他三种组合，本研究采用需求可识别双变量 Probit 模型来解决需求和供给效应的分离问题，此外，与只考虑有需求和有供给的情形相比，需求可识别双变量模型可以估计包括借款者和非借款者在内所有样本的信息，从而避免了有偏估计。具体估计如下：

我们用 y_D 表示农户的信贷需求，y_S 表示信贷供给；y_D^* 和 y_S^* 分别表示信贷需求和正供给的潜变量，其表达式如下：

$$y_D^* = X_D \beta_D + SN_D \gamma_D + \varepsilon_D$$
$$y_S^* = X_S \beta_S + SN_S \gamma_S + \varepsilon_S \tag{1}$$

式（1）中，X_D 和 X_S 分别为影响信贷需求和信贷供给的外生变量（向量），γ_D 和 γ_S 是待估计参数向量；假设误差项 ε_D 和 ε_S 服从联合正态分布，记为 ε_D，$\varepsilon_S \sim BVN(0, 0, 1, 1, \rho)$ ρ 是 ε_D 和 ε_S 的相关系数。y_D^* 和 y_S^* 是不可观察的，它们与 y_D 和 y_S 的关系由以下规则确立：

$$Y_D = \begin{cases} 1 & y_D^* > 0 \\ 0 & y_D^* \leqslant 0 \end{cases} \qquad y_S = \begin{cases} 1 & y_S^* > 0 \\ 0 & y_S^* \leqslant 0 \end{cases} \tag{2}$$

需求可识别双变量 Probit 模型在形式上可以表示为：

$$\Pr(y_D = 1) = \Pr(y_D^* > 1) = \Pr(\varepsilon_D > -x_D \beta_D) \tag{3}$$

$$\Pr(y_S = 1 \mid y_D = 1) = \Pr(y_S^* > 0) = \Pr(\varepsilon_S > -x_S \beta_S) \tag{4}$$

对方程（3）和（4）采用极大似然法进行联合估计，其对数似然函数表示如下：

$$
\begin{aligned}
\ln L(\beta_1, \beta_2, \rho) = \sum_{i=1}^{N} & \{y_D y_S \ln F(X_D\beta_D, X_S\beta_S; \rho) \\
& + y_D(1 - y_S)\ln[\Phi(X_D\beta_D) \\
& - F(X_D\beta_D, X_s\beta_s; \rho)] \\
& + (1 - y_D)\ln\Phi(-X_D\beta_D)\}
\end{aligned}
$$

第三节　数据来源与变量设定

一、数据来源

本节实证分析所用数据来源于北京大学国家发展研究院于 2009 年开展的"中国农村金融调查"专项入户调研数据，调研选择黑龙江、湖南、云南 3 省 9 县 81 村的 1 951 户农户作为调查对象，三个省份都是中等经济发展水平，处于经济和社会发展的转型时期，能够较好地代表目前我国农户社会网络关系的现状。调研信息包括农户的收入、消费、社会网络、金融需求、金融机构借贷、民间借贷、资金使用情况等。

二、农户正规信贷需求与正规信贷供给分类

基于刘西川等（2009）的分析框架和本研究的侧重

点[23]，根据家庭 2008 年正规信贷的状况，我们将家庭贷款细分为有正规信贷供给、有正规信贷需求与受到信贷约束三类，这里的正规信贷是指从银行、信用社与邮政储蓄获得的贷款。具体而言，问卷询问受访者"家庭 2008 年是否从银行、信用社或者邮政储蓄得到贷款？""2008 年如果没有信用社贷款，是否申请过贷款①？"以及"2008 年如果没有申请信用社贷款，为何没有申请？"。由此我们将 2008 年获得贷款的家庭视为有正规信贷供给的家庭；将 2008 年申请过正规信贷的家庭（不论是否获得贷款）、没有申请贷款的家庭中有潜在或隐藏贷款需求的②，视为有正规信贷需求的家庭；将 2008 年申请过正规信贷，但没有贷到款的家庭定义为受到直接信贷约束的家庭，将有潜在或者隐蔽有效正规信贷需求，但由于正规信贷机构贷款产品设计和抵押程序烦琐等原因，没有提出贷款申请的，定义为受到间接信贷约束的家庭[24]。

针对农户的潜在或者隐蔽信贷需求，问卷设计了如下问题进行识别（见表 8－1），对于选择④⑤⑥的农户，则视作存在正规信贷需求；对于选择①的农户，问卷进一步询问了

---

① 由于信用社是农户正规信贷的主要来源，问卷在区别农户的信贷需求与信贷约束时，主要针对农信社展开询问。

② 根据黄祖辉等（2009）的界定："对农信社贷款有需求，因主观上认为得不到贷款、交易成本和风险等原因而未申请的，视为有潜在或者隐蔽的信贷需求。"

"申请也得不到的原因"（见表8-2），将其中没有还款能力的农户识别出来。对于表8-2中选择②和③的农户视为存在正规信贷需求，他们自我实施了信贷配给。

表8-1 样本农户未申请贷款的原因

未申请贷款的原因	户数	占比（%）
①申请也得不到	278	21.87
②不需要贷款	641	50.43
③利息太高	114	8.97
④贷款手续太麻烦，批准太慢	80	6.29
⑤担心借款还不了	22	1.73
⑥不知道如何申请	52	4.09
⑦已经从亲友或其他贷款机构贷款	65	5.11
⑧其他原因	19	1.49
合计	1 271	100

表8-2 样本农户申请也得不到贷款的原因

申请也得不到贷款的原因	户数	占比（%）
①有信用社欠款未还清	21	7.55
②与信贷员不熟悉	64	23.02
③家里太穷，信贷员担心还不起	73	26.26
④没有人为我担保	75	26.98
⑤没有抵押品	45	16.19
合计	278	100

经过识别，在全部 1 951 个样本农户中，存在正规信贷供给的农户有 343 户，存在正规信贷需求的农户有 852 户，受到信贷约束的农户有 577 户。剩余的 522 户农户为既没有直接正规信贷需求也没有潜在正规信贷需求的农户。

三、变量设定

（一）因变量

为了有效识别社会网络对农户融资的影响，本节分别从信贷需求和供给角度设置了需求方程和供给方程，需求方程的因变量是农户是否有正规信贷需求，供给方程的因变量为农户是否得到正规贷款，是为 1，否为 0。

（二）自变量

表 8 - 3 列出了本节选择的自变量及三类农户的描述性统计结果。从表 8 - 3 的社会网络特征可以看出，三类农户的家庭层面社会网络（户主是否是党员或者村干部）存在递减的趋势。有正规信贷供给家庭的社会网络水平最高，为 0.29；有正规信贷需求家庭的平均社会网络水平为 0.22；受到信贷约束家庭的社会网络水平最低，为 0.16。与家庭层面社会网络一致，获得正规信贷的家庭所在村的平均社会网络（家庭所在村合作社的数量）最高，为 4.24；有正规信贷需求的家庭次之，为 4.03；受到信贷约束的家庭最低，为 3.69。

表8-3　自变量说明和样本描述性统计分析

变量		有供给			有需求			信贷约束		
		观测值	均值	标准差	观测值	均值	标准差	观测值	均值	标准差
社会网络特征	家庭所在村合作社数量	343	4.24	8.93	852	4.03	8.62	577	3.69	8.11
	户主是党员或者村干部	343	0.29	0.61	852	0.22	0.52	577	0.16	0.43
家庭资产特征	家庭2008年纯收入(元)	343	26 165.73	32 627.86	852	25 036.5	37 660.59	577	21 828.13	27 102.53
	家庭2008年总资产(元)	343	57 301.18	84 880.65	852	49 361.69	72 895.55	577	45 215.7	62 156.27
	劳均土地规模(亩)	343	3.34	5.63	852	4.06	6.55	577	3.69	5.69
	户主的教育程度	343	7.01	3.29	852	6.91	3.33	577	6.83	3.39
家庭成员特征	户主的年龄	343	46.32	9.63	852	48.35	10.8	577	49.37	11.1
	家庭规模(人口数)	343	4	1.31	852	4	1.46	577	4	1.52
	家庭人口抚养比(%)	343	63.37	74.84	852	70.4	90.54	577	73.31	89.92
家庭各项支出占比	耐用消费品支出占比(%)	343	3.15	8.98	852	2.65	7.6	577	2.82	8.16
	教育支出占比(%)	343	4.46	9.37	852	4.87	10.92	577	5.6	11.95
	医疗支出占比(%)	343	10.78	16.1	852	11.89	17.83	577	12.86	19.1
	建房支出占比(%)	343	10.4	23.09	852	8.41	21.1	577	8.32	21.85
家庭各项收入占比	家庭农业收入占比(%)	343	48.28	67.91	852	43.18	67.03	577	37.76	63.4
	家庭工商业收入占比(%)	343	14.41	32.14	852	13.14	30.08	577	13.37	30.97

注: 户主是党员或者村干部的测度方法为: 0表示都不是, 1表示党员或者村干部, 2表示都是。

表 8-3 的家庭资产特征部分报告了家庭总资产、纯收入及土地规模特征。既往研究表明，收入、资产和土地规模是影响家庭获取信贷的重要因素[25]。可以看出，获得正规信贷家庭的平均纯收入与平均总资产最高，分别为 26 165.73 元和 57 301.18 元，高于有正规信贷需求和受到信贷约束的家庭。其中，受到信贷约束的家庭的平均总收入、总资产最低，分别为 21 828.13 元、45 215.70 元。劳均土地规模在三种家庭之间没有表现出明显的差异性。

表 8-3 的家庭成员特征部分报告了户主基本特征的描述性统计分析，有正规信贷供给的家庭户主更年轻，且受教育程度偏高，但差别不大。平均而言，有供给、有需求和受到信贷约束的户主的学历在初中及以上的占比分别为 77.84%、77.35% 和 76.26%；他们的平均年龄分别为 46 岁、48 岁和 49 岁。三类家庭的规模（人口数）差别不大，均值都为 4，从家庭人口抚养比来看，有正规信贷供给的家庭抚养压力最小，为 63.37%；其次是有正规信贷需求的家庭，为 70.40%；受到信贷约束家庭的人口抚养压力最大，为 73.31%。

从表 8-3 家庭的消费特征中可以发现，有正规信贷家庭的教育支出占比与医疗支出占比最低，分别为 4.46% 和 10.78%；有正规信贷需求的家庭次之，分别为 4.87% 和 11.89%；受到信贷约束的家庭最高，分别为 5.60% 和

12.86%。建房支出占比呈反向变动特征，有正规信贷的家庭最高，为 10.41%；有正规信贷需求的家庭次之，为 8.41%；受到信贷约束的家庭最低，为 8.32%。正规信贷建立在能够进行有效风险评估的基础上，建房属于支出较高且易于评估的投资，因此正规借贷一般限于家庭的建房等大额的投资支出，医疗支出、教育支出等一般来源于亲戚朋友等非正规信贷[26]。

表 8-3 的最后一部分报告了家庭工商业与农业收入占比的情况。以往研究表明，社会网络对农户的自主创业有显著正向影响[27]。本部分的统计描述与现有研究一致，有正规信贷家庭的自营工商业收入占比高于受到信贷约束的农户，分别为 14.41% 和 13.37%。不仅如此，有正规信贷家庭的农业收入占比也高于受到信贷约束的家庭，分别为 48.28% 和 37.76%。

为了控制地区差异（如经济发展水平、金融可得性、风俗习惯等）对正规信贷的影响，本节还加入了村级层面虚拟变量（包括住所离村委的距离、村所在乡镇有银行或信用社、本村所在乡镇是否有小额贷款公司）。因资金互助合作组织对农户正规融资的影响可以分为替代和互补两种效应[28]，且研究结论不一。因此，本节中的资金互助合作组织与小额贷款公司作为控制变量，关键变量村级层面社会网络，仅指农业种养殖类合作组织，81 个样本村包含的合作社数量平均为 3. 12。

四、方程的识别

在工具变量选取方面，家庭层面社会网络（即个人政治身份与行政职务）使用"村级平均礼金支出"作为工具变量，村级层面社会网络（即本村所包含的农业合作社数量）使用"除本村外其他村合作社数量的平均值"作为工具变量。我们选取工具变量的考虑如下：第一，社会网络具有一定的互动性，同一社区（村）的家庭有产生联络的基础[29]，因此，社区内其他家庭的平均社会网络会影响家庭自身的社会网络，平均礼金支出作为广泛使用的衡量社会网络强度的一项指标，会影响家庭自身的社会网络；农业合作社作为一项基于地缘、业缘等发展起来的互助组织，会受其他村合作社发展情况的带动与示范，因此，其他村的合作社平均数量在一定程度上也会影响本村合作社的数量。第二，在控制了社区固定效应后，家庭获得信贷与否不受社区（村）内其他家庭平均关系水平的影响，表 8 - 4 的弱工具变量检验证明了这一点。

表8-4 内生性、弱工具变量检验

变量	回归	内生性检验 Wald 检验 p 值	弱工具变量检验 Wald 检验 F 统计量
信贷供给	2SLS	0.025	18.984
信贷需求	2SLS	0.019	19.774

第四节 实证结果分析

本部分采用需求可识别双变量 Probit 模型，分别研究家庭层面社会网络和村级层面社会网络对农户正规借贷的影响，并用联立方程组进一步验证估计结果的稳健性。

一、回归结果

基于第一部分关于计量模型的讨论，本部分使用需求可识别双变量 probit 模型，分别估计家庭层面社会网络与村级层面社会网络对农户正规信贷的影响，估计结果见表8-5和表8-6。从表8-5和表8-6中可以看出，无论是村级层面还是家庭层面社会网络，对农户的正规信贷需求和供给均有显著正向影响。

表8-5　家庭层面社会网络变量回归结果（双变量 Probit 模型）

变量名称	社会网络变量外生（1）				社会网络变量内生（2）			
	正规信贷需求	SE	正规信贷供给	SE	正规信贷需求	SE	正规信贷供给	SE
户主是党员或村干部	0.3162***	[0.097]	0.3194***	[0.107]	2.5721***	[0.623]	1.2155*	[0.730]
家庭人口数	0.0555**	[0.028]	0.0436	[0.032]	0.0284	[0.029]	0.0328	[0.032]
家庭人口抚养比	-0.0746	[0.053]	-0.1051*	[0.058]	-0.0356	[0.054]	-0.0896	[0.071]
户主年龄	-0.0210***	[0.004]	-0.0203***	[0.004]	-0.0359***	[0.005]	-0.0253***	[0.007]
户主受教育年限	-0.0077	[0.012]	-0.0309**	[0.013]	-0.0738***	[0.021]	-0.0566**	[0.025]
家庭中健康差的人员占比（%）	-0.0009	[0.002]			-0.001	[0.002]		
家庭在2008年是否经营农业生产	-0.2900***	[0.099]	-0.2946**	[0.126]	-0.2625***	[0.101]	-0.3100**	[0.134]
2007年底是否有自营工商业	-0.0084	[0.111]	0.0874	[0.126]	-0.0246	[0.097]	0.0867	[0.127]
2007年底生产性固定资产自然对数	-0.0021	[0.011]	0.0018	[0.013]	0.0033	[0.012]	0.0064	[0.012]
劳均土地规模（亩）	0.0041	[0.009]	0.0145	[0.009]	0.0043	[0.009]	0.0151	[0.010]

续表

变量名称	社会网络变量外生 (1)				社会网络变量内生 (2)			
	正规信贷需求	SE	正规信贷供给	SE	正规信贷需求	SE	正规信贷供给	SE
2007年纯收入（千元）	-0.0009	[0.001]	-0.0002	[0.001]	-0.0006	[0.001]	-0.0001	[0.001]
耐用品消费支出占比（%）	0.0041	[0.005]	0.0085*	[0.005]	0.0071	[0.005]	0.0093*	[0.005]
教育支出占比（%）	-0.0028	[0.003]	-0.0028	[0.003]	0.0012	[0.003]	-0.0014	[0.004]
医疗支出占比（%）	0.0039	[0.003]	0.0021	[0.003]	0.0072***	[0.003]	0.0032	[0.003]
建房支出占比（%）	0.0046***	[0.002]	0.0033	[0.002]	0.0052***	[0.002]	0.0036*	[0.002]
农业收入占比（%）	0.0005	[0.001]	0.0007	[0.001]	0.0007	[0.001]	0.0008	[0.001]
自营工商业收入占比（%）	0.0002	[0.001]	0.0008	[0.001]	-0.0002	[0.001]	0.0005	[0.001]
本村所在乡镇是否有小额贷款公司	0.2801**	[0.132]	0.4787***	[0.162]	0.3161*	[0.161]	0.4788***	[0.169]
信用社是否在本村发放贷款证或信用证	0.4679***	[0.118]	0.4958***	[0.137]	0.4339***	[0.109]	0.4775***	[0.146]
信用社是否在本村推广小额联保	-0.0133	[0.110]	0.0659	[0.135]	0.0163	[0.112]	0.0316	[0.132]

续表

变量名称	社会网络变量外生 (1)				社会网络变量内生 (2)			
	正规信贷需求	SE	正规信贷供给	SE	正规信贷需求	SE	正规信贷供给	SE
截至2007年底是否拥有未还正规贷款	0.2105	[0.239]	0.3761	[0.233]	0.1495	[0.245]	0.3548	[0.238]
村庄内部及附近村庄是否有资金互助社	-0.6247***	[0.139]	-0.0781	[0.118]	-0.5965***	[0.082]	-0.1222	[0.113]
住所离村村委会的距离（公里）			0.0483**	[0.020]			0.0512***	[0.009]
常数项	-0.0979	[0.329]	-0.4809	[0.373]	0.6585*	[0.379]	-0.1771	[0.455]
athrho	15.1749***	[2.840]			13.8635***	[5.291]		
Observations	1 627				1 627			

注：*** 表示p<0.01，** 表示p<0.05，* 表示p<0.1，下表同。

表 8-6 村层面社会网络变量回归结果（Biprobit 模型）

变量名称	村层面社会网络变量外生（1）				村层面社会网络变量内生（2）			
	正规信贷需求	SE	正规信贷供给	SE	正规信贷需求	SE	正规信贷供给	SE
本村农业合作社的个数	0.0181***	[0.006]	0.0157**	[0.008]	0.0216***	[0.006]	0.0175**	[0.008]
家庭人口数	0.0473*	[0.028]	0.0374	[0.030]	0.0460*	[0.027]	0.037	[0.029]
家庭人口抚养比	-0.0692	[0.053]	-0.0975	[0.067]	-0.067	[0.053]	-0.0976	[0.066]
户主年龄	-0.0173***	[0.004]	-0.0167***	[0.004]	-0.0171***	[0.004]	-0.0165***	[0.004]
户主受教育年限	0.01	[0.012]	-0.014	[0.013]	0.0117	[0.012]	-0.0135	[0.013]
家庭中健康差的人员占比（%）	-0.0012	[0.001]			-0.0012	[0.001]		
家庭在 2008 年是否经营农业生产	-0.2342**	[0.101]	-0.2393*	[0.143]	-0.2265**	[0.102]	-0.2345	[0.143]
2007 年底是否有自营工商业	-0.0007	[0.102]	0.1009	[0.130]	0.0007	[0.101]	0.096	[0.122]
2007 年底生产性固定资产自然对数	0.0083	[0.012]	0.0114	[0.013]	0.0103	[0.012]	0.0126	[0.012]
劳均土地规模（亩）	0.0064	[0.009]	0.0165	[0.010]	0.0062	[0.009]	0.0162	[0.011]

续表

变量名称	村层面社会网络变量外生 (1)				村层面社会网络变量内生 (2)			
	正规信贷需求	SE	正规信贷供给	SE	正规信贷需求	SE	正规信贷供给	SE
2007 年纯收入（千元）	-0.0005	[0.001]	-0.0001	[0.001]	-0.0005	[0.001]	0	[0.001]
耐用品消费支出占比（%）	0.0043	[0.005]	0.0086 *	[0.005]	0.0044	[0.005]	0.0087 *	[0.005]
教育支出占比（%）	-0.0024	[0.004]	-0.0025	[0.003]	-0.0021	[0.003]	-0.0023	[0.004]
医疗支出占比（%）	0.0037	[0.003]	0.0016	[0.003]	0.0038	[0.002]	0.0015	[0.003]
建房支出占比（%）	0.0045 **	[0.002]	0.0031	[0.002]	0.0044 **	[0.002]	0.003	[0.002]
农业收入占比（%）	0.0004	[0.001]	0.0006	[0.000]	0.0004	[0.001]	0.0006	[0.000]
自营工商业收入占比（%）	0.0001	[0.001]	0.0008	[0.001]	0.0001	[0.001]	0.0008	[0.001]
村庄内部及附近村庄是否有资金互助社	-0.6345 ***	[0.135]	-0.0853	[0.135]	-0.5650 ***	[0.133]	-0.0412	[0.139]
本村所在乡镇是否有小额贷款公司	0.3577 **	[0.175]	0.5446 ***	[0.139]	0.3696 **	[0.144]	0.5474 ***	[0.167]
信用社是否在本村发放贷款证或信用证	0.5329 ***	[0.107]	0.5584 ***	[0.107]	0.5381 ***	[0.105]	0.5562 ***	[0.137]

续表

变量名称	村层面社会网络变量外生 (1)				村层面社会网络变量内生 (2)			
	正规信贷需求	SE	正规信贷供给	SE	正规信贷需求	SE	正规信贷供给	SE
信用社是否在本村推广小额联保	-0.0181	[0.123]	0.0529	[0.157]	0.0022	[0.124]	0.0601	[0.152]
截至2007年底是否拥有正规贷款	0.1169	[0.248]	0.31	[0.239]	0.1087	[0.241]	0.3113	[0.237]
住所离村委会的距离（公里）			0.0468***	[0.015]			0.0478**	[0.020]
athrho	15.5507***	[4.141]			15.1202***	[1.176]		
常数项	-0.5448*	[0.317]	-0.9030***	[0.376]	-0.6082*	[0.325]	-0.9303**	[0.377]
Observations	1627				1627			

从表8-5中关于家庭层面社会网络的回归中可以看出，相比户主是非党员、非村干部的家庭，户主是党员或者村干部的家庭正规信贷需求将提高31.62%（回归方程1），正规信贷可得性将提高31.94%（回归方程1）。表8-5的回归方程（2）报告了控制内生性之后的回归结果，发现家庭层面社会网络仍然是影响农户正规融资的显著变量。从表8-6关于村层面社会网络变量的回归结果中也可以发现，家庭所在村合作社数量提高1%，正规信贷需求提高1.81%，正规信贷供给提高1.57%（回归方程1）。表8-6的回归方程（2）报告了控制内生性之后的回归结果，发现村层面社会网络仍然是影响农户正规信贷的显著变量。说明在正规信贷市场以国有银行为主导、利率管制和政策性贷款存在的背景下，高社会网络水平家庭对正规信贷的需求更强，正规金融机构也更愿意向高社会网络水平家庭发放贷款。

除了社会网络外，家庭特征和户主年龄对正规信贷需求与供给的影响都显著为负（见表8-5和表8-6），这与我们的预期一致。"家庭在2008年是否经营农业生产"对农户的正规信贷需求和供给的影响也显著为负，说明相比较于从事自营工商业等，从事农业生产经营的农户更不容易获得正规信贷。本研究也表明，建房支出作为非农经营活动，对农户的正规信贷需求有显著正向影响，但对农户正规信贷供给的影响不够稳健（在回归结果中，只有表8－5的回归结果2中显著为正）。相比较于教育支出与医疗支出，建房支出的金额大、次数少，更符合正规信贷的特征。家庭耐用消费品支出份额较高的家庭（见表8－5和表8－6）更容易获得正规信贷，与耐用消费品支出份额低的家庭相比，耐用消费品支出份额高的家庭信贷可得性将提高0.86%（见表8－5）。家庭耐用消费品购买取决于农户收入、与家电等耐用消费品配套的基础设施完善程度等[30]，因此，我们可以推断耐用消费品支出份额较高的家庭就是那些收入较高、更容易获得正规信贷支持的家庭。此外，为扩大农村耐用消费品的需求，各地农信社针对农户的消费贷款和农机贷款提供贷款尝试，这也为本节的研究结论提供了现实支撑。

在村级控制变量中，本村所在乡镇是否有小额贷款公司对农户正规信贷可得性有显著正向影响，以往研究表面，民间借贷与正规信贷之间可能存在替代和互补两种效应，本节研究发现，小额贷款公司对正规借贷的互补效应大于替代效应，小额贷款公司的设立以服务"三农"为宗旨，其经营范围必须是本县（市、区）域内的"小企业"和农户。从风险控制和盈利的角度来说，我们推测"设有小额贷款公司"的村镇，其金融生态环境较好，且信贷活动较为活跃，小额贷款公司对农户信用等方面信息的甄别和监督，有利于促进正规信贷的发生。信用社是否在本村发放贷款证或信用证对农户正规信贷需求和供给的影响显著为正，进一步说明加快信用体系建设、建设良好的金融生态环境，对于正规信贷供给的重要性。村庄内部及附近村庄是否有资金互助社对农户的正规信贷需求的影响显著为负，说明以资金互助为代表的非正规信贷组织对正规信贷起到了一定的替代和补充作用。住所离村委会的距离对农户的正规信贷供给有显著正向影响，住所距离村委会的距离在一定程度上代表了家庭的交通便利程度和财富水平，因而其正规信贷可得性较高。

二、稳健性检验

为了检验 Biprobit 模型控制内生性之后的回归结果是否稳健，本部分进一步采用联立方程模型（SEM）进行了回归验证，发现家庭层面社会网络与村级层面社会网络对农户正规信贷仍然有显著正向影响。家庭农业收入占比对农户正规信贷可得性有显著影响，从表 8 - 7 中可以看出，家庭农业收入占比增加 1% ，获得正规信贷的可能性提高 0.02% ，农业收入占比在一定程度上体现了农户种养殖的专业化和产业化水平，种养殖大户和专业化农户较一般农户更容易获得正规信贷。从表 8 - 8 可以看出，家庭劳均土地规模每增加 1% ，获得正规信贷的可能性提高 0.29% ，说明在农业产业化和农地经营规模化的背景下，农村土地承包经营权抵押正逐步成为正规金融机构认可的抵押资产。随着国务院"两权"抵押试点的展开①，房产可能也会成为影响农户正规信贷可得性的重要变量，虽然在我们的调研数据中，"建房支出"只对农户正规信贷需求有显著影响，对正规信贷可得性没有显著影响②。

表 8-7　家庭层面社会网络变量回归结果（SEM 模型）

	正规信贷需求	SE	正规信贷供给	SE	户主是党员或者村干部	SE
户主是党员或村干部	0.7185 ***	[0.163]	0.2111 *	[0.118]		
家庭人口数	0.0042	[0.008]	0.0022	[0.006]	0.0073	[0.007]
家庭人口抚养比	0.0008	[0.012]	-0.0088	[0.009]	-0.0165 *	[0.010]
户主年龄	-0.0093 ***	[0.002]	-0.0047 ***	[0.001]	0.0073 ***	[0.001]
户主受教育年限	-0.0214 ***	[0.006]	-0.0105 **	[0.004]	0.0311 ***	[0.003]
家庭中健康差的人员占比（%）	-0.0001	[0.000]				
家庭在 2008 年是否经营农业生产	-0.0525	[0.034]	-0.0470 *	[0.025]	0.0125	[0.028]
2007 年底是否有自营工商业	-0.0103	[0.030]	0.0135	[0.022]	0.0095	[0.024]

————————

① 2015 年 8 月 24 日，国务院印发了《关于开展农村承包土地的经营权和农民住房财产权抵押贷款试点的指导意见》，明确开展农村承包土地的经营权和农民住房财产权（以下统称"两权"）抵押贷款试点。

② 虽然表 8-2 中具有显著性影响，但不具有高度稳健和一致性。

	正规信贷需求	SE	正规信贷供给	SE	户主是党员或者村干部	SE
2007 年底生产性固定资产自然对数	0.0019	[0.003]	0	[0.002]	-0.0013	[0.003]
劳均土地规模（亩）	0.0004	[0.002]	0.0024	[0.002]	0.0028	[0.002]
2007 年纯收入（千元）	-0.0002	[0.000]	-0.0001	[0.000]	0.0001	[0.000]
耐用品消费支出占比（%）	0.0021	[0.002]	0.0022*	[0.001]	-0.0016	[0.001]
教育支出占比（%）	0.0002	[0.001]	-0.0005	[0.001]	-0.0011	[0.001]
医疗支出占比（%）	0.0020***	[0.001]	0.0004	[0.001]	-0.0019***	[0.001]
建房支出占比（%）	0.0015**	[0.001]	0.0005	[0.000]	-0.0003	[0.000]
农业收入占比（%）	0.0002	[0.000]	0.0002*	[0.000]	-0.0001	[0.000]
自营工商业收入占比（%）	0	[0.000]	0.0001	[0.000]	0.0002	[0.000]
本村所在乡镇是否有小额贷款公司	0.0798**	[0.034]	0.1186***	[0.027]		
信用社是否在本村发放贷款证或信用证	0.0971***	[0.027]	0.0748***	[0.021]		
信用社是否在本村推广小额联保	0.0058	[0.029]	0.0176	[0.022]		
截至 2007 年底是否拥有未还正规贷款	0.0492	[0.060]	0.1017**	[0.050]		
村庄内部及附近村庄是否有资金互助社	-0.1175	[0.134]	0.0054	[0.110]		
住所离村委会的距离（公里）			0.0142***	[0.005]		

续表

	正规信贷需求	SE	正规信贷供给	SE	户主是党员或者村干部	SE
本村户均礼金往来（千元）					0.0043	[0.006]
常数项	0.6137 ***	[0.107]	0.3299 ***	[0.079]	-0.3041 ***	[0.071]
	-0.233		0.050		0.122	
Observations			1 627			

表 8-8　村层面社会网络变量内生（联立方程组模型）

变量名称	正规信贷需求	SE	正规信贷供给	SE	本村农业合作社个数	SE
本村农业合作社的个数	0.0055 ***	[0.001]	0.0028 **	[0.001]		
家庭人口数	0.0097	[0.007]	0.0031	[0.006]	-0.0761 *	[0.044]
家庭人口抚养比	-0.009	[0.011]	-0.0117	[0.009]	0.0168	[0.065]
户主年龄	-0.0042 ***	[0.001]	-0.0031 ***	[0.001]	0.0064	[0.006]
户主受教育年限	0.0016	[0.003]	-0.0033	[0.003]	0.0109	[0.019]
家庭中健康差的人员占比（%）	-0.0002	[0.000]				
家庭在2008年是否经营农业生产	-0.0429	[0.030]	-0.0395	[0.025]	-0.0441	[0.190]
2007年底是否有自营工商业	-0.0031	[0.027]	0.0161	[0.022]	0.0937	[0.164]
2007年底生产性固定资产自然对数	0.0024	[0.003]	0.001	[0.002]	0.0251	[0.018]

续表

变量名称	正规信贷需求	SE	正规信贷供给	SE	本村农业合作社个数	SE
劳均土地规模（亩）	0.0015	[0.002]	0.0029 **	[0.001]	-0.0184	[0.012]
耐用品消费支出占比（%）	0.0011	[0.001]	0.0019	[0.001]	-0.0044	[0.009]
教育支出占比（%）	-0.0007	[0.001]	-0.0007	[0.001]	0.0048	[0.005]
医疗支出占比（%）	0.0008	[0.001]	0	[0.001]	0.0012	[0.004]
建房支出占比（%）	0.0013 **	[0.001]	0.0004	[0.000]	-0.0035	[0.003]
农业收入占比（%）	0.0001	[0.000]	0.0002	[0.000]	-0.0005	[0.001]
自营工商业收入占比（%）	0.0001	[0.000]	0.0002	[0.000]	-0.0005	[0.001]
2007 年纯收入（千元）	-0.0001	[0.000]	0	[0.000]	0.0002	[0.001]
本村所在乡镇是否有小额贷款公司	0.0999 ***	[0.033]	0.1289 ***	[0.028]		
信用社是否在本村发放贷款证或信用证	0.1343 ***	[0.022]	0.0905 ***	[0.018]		
信用社是否在本村推广小额联保	-0.0062	[0.023]	0.0118	[0.019]		
截至 2007 年底是否拥有未还正规贷款	0.0436	[0.060]	0.0936 *	[0.050]		
村庄内部及附近村庄是否有资金互助社	-0.1171	[0.131]	0.0018	[0.109]		
住所离村委会的距离（公里）			0.0145 ***	[0.005]		
村合作社平均数量（本村除外）					0.6972 ***	[0.192]

续表

变量名称	正规信贷需求	SE	正规信贷供给	SE	本村农业合作社个数	SE
常数项	0.2730 ***	[0.082]	0.2091 ***	[0.069]	21.5419 ***	[0.544]
R – squared	0.077		0.075		0.914	
Observations	1 627					

　　关于联立方程组的识别问题，我们用"家庭中健康差的人员占比"和"住所离村委会的距离"来识别供给方程[23]。家庭中健康差的人员占比可以识别农户因治病产生的对正规贷款的需求，相对而言，健康状况对正规信贷机构是不可观察的，因而在其供给决策中不是很重要；变量"住所离村委会的距离"显然独立于影响信贷需求的因素，但对正规信贷供给可能有一定影响（我们假设距离越远，正规金融机构越不愿意贷给该农户）（联立方程组模型中，供给方程和需求方程中的变量不能完全相同，这样才可以保证连理方程组模型有解，因此，我们这里在供给方程中增加了一个仅影响供给方程的变量和一个仅仅影响需求方程的变量，这样方程就可以识别了）。

第五节 结论与讨论

以往研究发现，社会网络对农户的非正规融资能力有显著影响。本章在前人研究的基础上，分析了社会网络对农户正规融资需求和供给的影响。在社会网络识别上，我们区分了家庭层面社会网络（户主是党员或者村干部）与村级层面社会网络（村里农业合作社的数量）；在研究方法上，本章采取了需求可识别双变量 Probit 模型与联立方程组模型（SEM）进行分析。我们的研究发现，第一，无论控制内生性与否，家庭层面社会网络对农户的正规融资需求和供给都有显著的正向影响。由此可见：（1）家庭层面社会网络不仅在非正规信贷中起着降低违约风险、缓解逆向选择和道德风险的问题，对于正规信贷而言，在目前农村信用体系建设尚不完善的背景下，也是金融机构衡量农户信用以及确定是否放贷的一个重要因素；（2）在正规信贷市场以国有银行为主导、利率管制和政策性贷款存在的背景下，高社会网络水平家庭对正规信贷的需求更强，正规金融机构也更愿意向高社会网水平家庭发放贷款。第二，村层面社会网络对农户的正规融资需求和供给都有显著的正向影响。也就是说：（1）农业合作社作为一种新型的农业组织制度，不仅在促进农业现代化方面发挥了重要作用，同时在村级社会网络的形成和村级信用体系建设方面也发挥了重要作用；（2）本章验证了将合作社作为社会资本代理人的理论假设，同时也有助于理解民间合作经济组织和现代金融制度之间的互动关系。本章的研究表明，充分发挥社会网络在农村金融市场中的作用，对进一步深化农村金融体系改革具有一定的意义。

本章参考文献

［1］Putnam, R. D., Leonardi, R., Nanetti, R. Making Democracy Work: Civic Tradition in Modern Italy ［M］. Princeton: Princeton University Press, 1993.

［2］Munshi, K. D., Rosenzweig, M. R. Why Is Mobility in India So Low? Social Insurance, Inequality, and Growth ［Z］. NBER Working Papers, 2009.

［3］Munshi, K. Strength in Numbers: Networks as a Solution to Occupational Traps ［J］. Review of Economic Studies, 2011, 78（3）: 1069 – 1101.

［4］Chantarat, S., Barrett, C. B. Social Network Capital, Economic Mobility and Poverty Traps ［J］. Journal of Economic Inequality, 2012, 10（3）: 299 – 342.

［5］Fafchamps, M., Lund, S. Risk-sharing Networks in

Rural Philippines [J]. Journal of Development Economics, 2000, 71 (2): 261 –287.

[6] Karlan, D. S. Social Connections and Group Banking [J]. The Economic Journal, 2007: 52 –84.

[7] Samphantharak, K., Townsend, R. M. Households as Corporate Firms: An Analysis of Household Finance Using Integrated Household Surveys and Corporate Financial Accounting [M]. Oxford city: Cambridge University Press, 2011.

[8] Kinnan, C., Townsend, R. Kinship and Financial Networks, Formal Financial Access, and Risk Reduction [J]. American Economic Review, 2012, 102 (3): 289 –293.

[9] Gajigo, O., Foltz, J. D. Ethnic Networks and Enterprise Credit: The Serahules of The Gambia [R]. Agricultural and Applied Economics Association, 2010.

[10] 黄祖辉, 刘西川, 程恩江. 贫困地区农户正规信贷市场低参与程度的经验解释 [J]. 经济研究, 2009 (4): 116 –128.

[11] 刘莉亚, 胡乃红, 李基礼等. 农户融资现状及其成因分析——基于中国东部、中部、西部千社万户的调查 [J]. 中国农村观察, 2009 (3): 2 –10.

[12] 杨汝岱, 陈斌开, 朱诗娥. 基于社会网络视角的农

户民间借贷需求行为研究 [J]. 经济研究，2011（11）：116 - 129.

[13] 马光荣，杨恩艳. 社会网络、非正规金融与创业 [J]. 经济研究，2011（3）：83 - 94.

[14] 童馨乐，褚保金，杨向阳. 社会资本对农户借贷行为影响的实证研究——基于八省 1 003 个农户的调查数据 [J]. 金融研究，2011（12）：177 - 191.

[15] 胡枫，陈玉宇. 社会网络与农户借贷行为——来自中国家庭动态跟踪调查（CFPS）的证据 [J]. 金融研究，2012（12）：178.

[16] 梁爽，张海洋，平新乔，等. 财富、社会资本与农户的融资能力 [J]. 金融研究，2014（4）：83 - 97.

[17] 章元，陆铭. 社会网络是否有助于提高农民工的工资水平? [J]. 管理世界，2009（3）：45 - 54.

[18] Knight, J., Yueh, L. The Role of Social Capital in the Labour Market in China [J]. Economics of Transition, 2008, 16（3）：389 - 414.

[19] 杨灿君. 关系运作对合作社获取外部资源的影响分析——基于对浙江省 27 家合作社的调查 [J]. 中国农村观察，2014（2）：9 - 17.

[20] Valentinov, V. L. Toward a Social Capital Theory of

Cooperative Organization [J]. Social Science Electronic Publishing, 2004, 37 (3): 5 -20.

[21] Chloupkova, J., Svendsen, G. L. H., Svendsen, G. T. Building and Destroying Social Capital: The Case of Cooperative Movements in Denmark and Poland [J]. Agriculture and Human Values, 2003, 20 (3): 241 -252.

[22] 潘婷, 何广文, 王力恒. 合作组织改善农户融资条件的机理分析——基于金融中介功能视角 [J]. 农村金融研究, 2015 (8): 51 -55.

[23] 刘西川, 黄祖辉, 程恩江. 贫困地区农户的正规信贷需求: 直接识别与经验分析 [J]. 金融研究, 2009 (4): 36 -51.

[24] 程郁, 韩俊, 罗丹. 供给配给与需求压抑交互影响下的正规信贷约束: 来自 1 874 户农户金融需求行为调查的实证考察 [J]. 世界经济, 2009 (5): 73 -82.

[25] Fafchamps, M., Gubert, F. The Formation of Risk Sharing Networks [J]. Journal of Development Economics, 2007, 83 (2): 326 -350.

[26] 孙永苑, 杜在超, 张林, 等. 关系、正规与非正规信贷 [J]. 经济学 (季刊), 2016 (1): 597 -626.

[27] Zhang, J., Zhao, Z. Social-family Network and Self-

employment: Evidence from Temporary Rural-urban Migrants in China [J]. IZA Journal of Labor and Development, 2015, 4 (1): 1 –21.

[28] Jain, S. Symbiosis vs. Crowding-out: The Interaction of Formal and Informal Credit Markets in Developing Countries [J]. Journal of Development Economics, 1999, 59 (99): 419 –444.

[29] Fan, Y. Questioning Guanxi: Definition, Classification and Implications [J]. International Business Review, 2002, 11 (5): 543 –561.

[30] 荣昭, 盛来运. 中国农村耐用消费品需求研究 [J]. 经济学 (季刊), 2002, 1 (2): 589 –602.